성범죄 재판에 대한 철학자의 성찰

피해자다움이란 무엇인가

성범죄 재판에 대한 철학자의 성찰

피해자다움이란 무엇인가

초판 1쇄 발행 | 2019년 7월 17일

지은이 | 최성호
펴낸이 | 이은성
편 집 | 김무영, 김경민
디자인 | 백지선
펴낸곳 | 필로소픽

주 소 | 서울시 동작구 상도동 206 가동 1층
전 화 | (02) 883-9774
팩 스 | (02) 883-3496
이메일 | philosophik@hanmail.net
등록번호 | 제 379-2006-000010호

ISBN 979-11-5783-152-4 93120

필로소픽은 푸른커뮤니케이션의 출판 브랜드입니다.

이 도서의 국립중앙도서관 출판시도서목록(CIP)은 서지정보유통지원시스템 홈페이지(seoji.nl.go.kr)와
국가자료공동목록시스템(www.nl.go.kr/kolisnet)에서 이용하실 수 있습니다. (CIP제어번호: CIP2019021742)

성범죄 재판에 대한 철학자의 성찰

피해자다움이란 무엇인가

LEGAL REASONNIG
SELF-DESTRUC-
TIVE WILLS
SEXUAL ASSAULT
VICTIM
CREDIBILITY
FEMINISM
#METOO

P 필로소픽

| 일러두기 |

이 책의 제1부는 2019년 《법철학연구》 제22권 제1호에 발표된 논문 〈피해자다움을 위한 변론: 왜 우리는 성범죄 재판에서 고소인의 피해자다움을 물어야 하는가?〉를 보완·확장한 것이다. 한편 이 책의 제2부는 2018년 《법과사회》 제59호에 발표된 논문 〈자기파괴적 의사와 위력에 의한 간음죄〉에 기반하고 있다.

C O N T E N T S

피해자다움, 그리고 우리 시대의 철학자

안희정 성폭행 사건을 두고 1심 재판부는 위력에 의한 간음, 강제
추행 등 10개의 범죄혐의 중 10개 모두에 대하여 무죄판결을 내린
반면 2심 재판부는 10개의 범죄혐의 중 9개에 대하여 유죄판결을
내렸다. 1심과 2심 재판부가 극단적으로 상반된 판결을 내린 두
번의 심리에서 놀라운 것은 1심과 2심 사이에 어떠한 새로운 증거
가 나온 것도 아니고, 어떠한 증언 번복이 발생한 것도 아니라는
사실이다. 게다가 더욱 놀라운 것은 안희정에게 유죄판결을 내린
2심 재판부가 그 판결 직후에 안희정 사건과 상당히 유사한 성격
의 또 다른 사건(60대의 아파트 동대표가 아파트 입주민인 15세의 여중
생을 성폭행했다는 혐의를 받은 사건)에서 피고인에게 무죄판결을 내
렸다는 사실이다. 이렇듯 성범죄 재판에 대한 사법부의 판결은 도
무지 종잡을 수 없다. 성범죄 재판의 판결은 순전히 재판부의 관심
법(타인의 마음을 읽는 신묘한 능력)에 달려 있다는 조롱 섞인 말이
나올 지경이다.

실체적 진실에 근거한 공정한 판결이 사법 행정의 대원칙이라
는 주장에 이견을 달기 힘들다. 그리고 그러한 주장에서 성범죄 재

판 역시 예외가 될 수 없다. 그러나 안희정 사건의 재판이 보여주는 바와 같이, 최근 한국 사회는 성범죄 재판에서 실체적 진실을 어떻게 발견할 수 있는지에 대하여 극심한 혼란과 이견을 경험하고 있다. 안타깝게도 그러한 혼란과 이견은 잦아들 기미를 보이지 않으며 그렇지 않아도 심각한 수준에 이른 남녀갈등을 더욱 부채질하는 모양새이다. 참으로 우려되는 대목이 아닐 수 없다. 이 책은 그러한 우려에 대한 내 나름의 고심과 고민의 산물이다.

이것이 철학자가 논할 주제인가?

이 책은 성범죄 재판의 핵심적인 키워드라고 할 수 있는 **피해자다움**의 개념에 학술적으로 접근한다. 이를 통하여 성범죄 재판의 성격과 논리에 대한 사회적 컨센서스를 모으는 데 조금이나마 기여하는 것이 이 책의 목적이다.

"당신 철학자 아닌가? 이것이 철학자가 논할 주제인가?"라고 묻는 이도 있을 법하다. 그러나 조금만 생각해 보면 성범죄가 인간에 대한 다양한 철학적 주제들과 밀접한 관련을 맺고 있다는 것을, 그래서 성범죄에 대한 올바른 판단을 내리기 위해서는 철학의 학술적 자원이 불가피하게 요구된다는 것을 쉽게 확인할 수 있다. 그것은 인간이 욕구를 갖는다는 것이 무엇인지, 인간이 (의도적으로) 행위한다는 것이 무엇인지, 인간이 자유롭다는 것이 무엇인지, 위력이 무엇인지, 인간의 행위를 이해한다는 것이 무엇인지, 인간이 서로 동의한다는 것이 무엇인지 등과 같은 근본적인 질문을 제기하기 때문이다. 그리고 그 질문들은 모두 인간에 대한 철학적 성찰 없이는 충실히 답변될 수 없기 때문이다. 이런 이유로 나는 이 책이 하나의 사회적 쟁점에 대한 철학자의 입장문이 아닌 그야말로 한 권의 전문 철학서로 읽히기를 소망한다.

누가 미투 운동을 저해하는가?

이 책은 최근 사회적 쟁점으로 부상한 몇몇 성범죄 재판(대표적으로 안희정 성폭행 사건)에 대한 한국 여성운동 단체와 주류 언론사의 공식적인 입장과 반대되는 입장을 옹호한다. 그들은 성범죄 고소인의 행위가 피해자다운지 묻는 것이 또 하나의 가해라고 성토하지만, 나는 이 책에서 그것이 객관적 사실에 근거한 공정한 재판을 위한 필수적인 요소라고 주장할 것이다. 이 책에서 이런 '반시대적' 입장을 옹호한다는 이유로 나는 책을 출간할 마땅한 출판사를 찾기 어려울 것이라는 걱정 어린 조언을 들어야 했다. 미투 운동에 저해가 될 수 있다는 이유만으로 언론 기고문 발표를 거절당해 본 경험이 있는 나로서는 그 걱정 어린 조언이 기우로만 들리지는 않았다.

아마도 나는 미투 운동을 지지할 것이다. 침묵하던 성범죄 피해자들이 함께 목소리를 내며 피해의 아픔을 공유하고 나아가 성범 죄에 대한 사법적 정의를 바로 세우자는 운동에 반대가 있기 힘들 다. 그러나 미투 운동을 지지하는 것이 한국 여성운동 단체와 주류 언론사의 주장에 무턱대고 박수치는 것을 뜻하지는 않을 것이다. 혹시라도 누군가 그렇게 박수치는 것이 미투 운동의 진정한 본질 이라고 고집한다면 나는 미투 운동에 반대한다. 그들의 주장이 어 떠한 정당성도 없는 비상식과 억지의 논리일 뿐이라면 더더욱 그 러하다.[1] 거짓과 비이성에 근거한 사회운동은 결코 보편적인 동의 를 얻을 수도, 지속성을 가질 수도 없기 때문이다.

객관적 사실관계에 대한 명확한 확정 없이 사법적 정의는 존재 할 수 없다. 성범죄 재판 과정에서 고소인의 진술을 의심하는 목소 리가 나올 수도 있고, 그것이 당사자에게 하나의 가해로 경험될 수 도 있다. 그러한 가해는 안타까운 일임에 분명하다. 그러나 객관적 사실관계를 명명백백하게 밝히고 그런 사실관계에 근거하여 가장 공정한 판결을 내린다는 재판의 대의에 비추어 고소인의 그러한 고 통은 우리 사법 제도가 감내할 수밖에 없는 필요악일지도 모른다.

실제로 고소인이나 피고인이 숨기고 싶은 지극히 사적인 사실 관계가 재판에서 쟁점이 되고, 그로부터 재판 당사자가 상당한 심

---

1   이러한 비상식과 억지의 논리가 어떻게 우리 사회에서 빠른 속도로 확산될 수 있 었을까? 나는 이 책의 말미에서 카스 선스타인(Cass Sunstein)이 제시한 평판 도 폭포 현상(reputational cascading)이라는 개념을 토대로 그에 대한 답을 제시할 것이다.

적 고통을 호소하는 풍경은 굳이 성범죄 재판이 아니라도 쉽게 접할 수 있다. 우리 사법 제도가 그런 고통을, 재판 당사자에 대한 일종의 가해를 용인하는 것은 그것을 통하여 좀 더 진실에 부합하고, 재판 당사자들에게 공정한 판결을 내릴 수 있다는 대의에 대한 공감대가 있기 때문이다. 그만큼 객관적 진실을 찾는다는 대의는 재판정의 존립 근거라는 말이 부족하지 않을 만큼 사법적 판단의 정수라 할 수 있다.

나는 성범죄 고소인의 행위가 피해자다운지 묻는 것을 포기하는 것은 객관적 진실을 찾는다는 이 중차대한 대의를 포기하는 것이라 믿는다. 이것이 바로 수많은 여성단체와 주류 미디어의 여론몰이에도 불구하고 사법부가 '피해자다움'을 따져야 하는 이유이다.

21세기 한국 철학자의 모습은?

앞서 말했듯이 나는 이 책이 하나의 전문 철학서로 읽히기를 소망한다. 그런데 이게 무슨 철학이냐고 힐난하는 목소리가 나올 법하다. 사회적 이슈에 대한 당신의 개인적 입장에 권위를 덧씌우기 위하여 철학의 이름을 도용하지 말라고 준엄하게 경고하면서 말이다. 철학이란 무엇일까? 거의 반평생 철학 논문을 쓰며 보냈고 앞으로 남은 인생도 철학자로 살아갈 것이 분명하지만, 솔직히 나도 철학이 무엇인지 잘 모르겠다. 철학이란

10

'철학자들이 공부하는 것' 이상의 좋은 답변을 내놓을 자신도 없다. 그러나 한 가지는 분명하다. 철학은 삶의 현장을 완전히 외면하지는 말아야 한다.

오랫동안 한국의 서양철학자들은 수입 철학이라는 조롱 아닌 조롱을 들어야 했다. 분석철학자는 분석철학자대로, 대륙철학자는 대륙철학자대로 외국의 학문을 수입하고 소개하는 데 급급하다는 것이다. 나는 외국의 학문을 수입하고 소개하는 철학자들의 활동이 결코 조롱받을 일은 아니라고 여긴다. 그러나 단지 그런 활동만 하는 것은 문제가 있다고 본다.

한국 사회에는 한국 사회에 고유한 철학적 문제들, 해외의 학자들이 도대체 그게 왜 문제인지 감조차 잡을 수 없는 철학적 문제들, 설사 그런 감을 잡는다고 하더라도 그것을 진지하게 고민하고 성찰할 의지가 조금도 없는 한국인만의 철학적 문제들이 있기 때문이고, 그 철학적 문제들은 한국 철학자가 아니면 어느 누구에 의해서도 해결될 수 없기 때문이다. 그리고 나는 최근 한국 사회에서 뜨거운 논란을 낳은 성범죄 재판에서의 피해자다움이 바로 그러한 철학적 문제를 제기한다고 믿는다.

한국의 철학자가 아리스토텔레스를 논하고, 칸트를 논하고, 들뢰즈를 논할 수 있다. 그러나 그러한 주제는 한국 철학자만의 주제는 아니다. 한국의 철학자가 아니라도 아리스토텔레스를, 칸트를, 들뢰즈를 연구하는 학자는 전 세계에 아주 많다. 나는 젊은 시절 과학철학과 형이상학을 주로 연구했는데, 어쩌면 내가 그 분야에 대한 연구를 아주 접는다고 하더라도 그 분야의 학문 발전에 전혀 영향이 없을 정도로 해외의 학자 집단은 풍부하다. 그러나 한국 사회에서 고유하게 제기되는 철학적 주제들은 다르다. 한국 철학자들을 대신해서 피해자다움을 분석해 줄 이는 존재하지 않는다. 한국 사회의 맥락에서 발생하는 철학적 문제들에 대해서 한국 철학자들이 좀 더 사명감을 가지고 나설 필요가 있다는 뜻이다.

철학의 학술적 자원을 동원하여 사회적으로 민감한 주제에 개입하는 것은 한국 사회에서 분명 낯선 풍경이 아닐 수 없다. 그러나 철학의 역사에서 그것은 결코 낯선 풍경이 아니다. 고대 아테네의 현안들에 대하여 동료 아테네인들과 차분하고 논리적인 대화 속에서 때론 그들의 무지를 폭로하고, 때론 그들의 성찰과 반성을 촉구하던 소크라테스라는 고집 센 노인네로부터 철학이 시작되었다는 사실을, 우리는 잘 알고 있다. 많은 이가 자신들의 믿음만을 고집하고 타인의 목소리에 귀 기울이지 않는 지금 우리 사회에는 더 많은 소크라테스가 필요한지도 모를 일이다. 물론 이러한 나의 주장에는 한 가지 중요한 숨은 전제가 있다. 바로 소크라테스의 학문적 탁월성이다. 학문적 탁월성을 결여한 학자의 대사회 발언은 그저 학자라는 자신의 사회적 타이틀 덕분에 부풀려진 인식적 권위를 누리는 자가 내놓는 허튼소리에 불과하기 때문이다.[2]

마지막으로 이 책의 내용을 간단히 요약하며 머리말을 마무리

---

2 이것은 미란다 프리커(Miranda Fricker 2007)가 '인식적 부정의(epistemic injustice)'라고 부른 현상에 해당한다. 이에 대한 자세한 논의는 제5장을 참고.

하자. 제1부에서는 성범죄 재판의 핵심 키워드라고 할 수 있는 피해자다움을 인식론적, 행위철학적 관점에서 분석할 것이다. 먼저 제1부의 전반부는 피해자다움을 행위 설명 action explanation 이론을 통하여 분석하고, 더불어 행위 설명에 대한 법칙인과적 모형과 심적 시뮬레이션 모형을 종합함으로써 행위 설명 개념을 해명할 것이다. 다음으로 제1부의 제5장에서는 피해자다움 개념에 대해 여성주의 운동가들이 제기한 몇 가지 유력한 비판을 인식론적 근거에 기반해서 논박할 것이다. 이에 이어서 제1부의 후반부는 피해자다움에 대한 나의 분석을 안희정 성폭행 사건에 적용하며 그것이 구체적인 사법 현장에서 유용한 지침이 될 수 있음을 논증할 것이다. 그 논증에서 나는 위력에 의한 간음죄에 대한 특정한 해석을 할 것인데, 그 해석을 정당화하는 것이 제2부의 주된 작업이 될 것이다. 제2부에서 나는 해리 프랭크퍼트 Harry Frankfurt의 철학적 인간학을 토대로 자기파괴적 의사 self-destructive wills 개념을 정의하고, 그 정의에 기반하여 위력에 의한 간음죄에 대한 새로운 해석을 제안할 것이다.

최근 한국 사회에서 성범죄는 매우 민감한 이슈가 아닐 수 없다. 그와 관련해 소셜 미디어나 각종 인터넷 게시판에서 불꽃 튀는 논쟁이 벌어지는 것을 종종 목격하는데, 그런 논쟁은 건설적인 논의로 이어지기보단 상대방을 모욕하고 비방하는 이전투구로 끝나는 것이 다반사이다. 분명 우리는 사회적 이슈에 대해서 조금씩의 상식을 가지고 있고 그런 상식은 서로 간에 존중될 필요가 있지만,

그럼에도 우리의 상식을 오류 불가능한 진리로 단정할 수도 없고 단정해서도 안 된다. 충분한 경험적·이론적 근거가 주어질 때 그런 상식 역시 오류로 판명 날 수 있다는 말이다. 특히 서로 상반된 도덕적 상식이 맞서는 경우에는 더더욱 그러하다. 이 책에서 다루는 성범죄 재판 문제는 복잡하고 난해한 데다 인화성이 큰 이슈인 만큼 미리 결론을 정해 놓지 말고 인내심을 가지고 조심스럽게 접근하자는 당부의 말씀을 독자제현께 감히 드린다.

제 1 부

피해자다움이란 무엇인가

성범죄 재판에 관한 최근의 논란에서 가장 빈번하게 등장하는 용어가 있다. 바로 **피해자다움**이다. 이 용어를 둘러싸고 사회의 구성원들 간에 첨예한 반목과 이견이 노출되는 것이 다반사인데, 공론장의 한편에서는 성범죄 재판에서 고소인의 피해자다움은 고소인 진술의 증명력을 판단할 필수적인 고려사항이라는 목소리가 들리는가 하면, 다른 한편에서는 성범죄 고소인의 피해자다움을 묻는 것 자체가 고소인에 대한 2차 가해라며 목소리를 높인다. 피해자다움에 대한 비판은 주로 여성주의 활동가들에 의해 주도되었는데, 한국성폭력연구소 이미경 소장의 다음 인용문은 피해자다움에 대한 여성주의 활동가들의 견해를 대표한다고 볼 수 있다.[1]

> 권력관계에서 발생하는 성폭력 피해의 특수성은 간과된 채 획일적으로 요구되는 '피해자다움'은 가장 전형적인 성폭력 2차 피해이다. 특히 성폭력 수사·재판 담당자들이 갖고 있는 잘못된 통념에 의해 '(보호할 만한) 순수한 피해자상'에 부합한 피해자가 아니라고 판단되는 경우 의심하고 비난한다.[3]

여기서 이미경은 성범죄 재판 과정에서 고소인의 피해자다움을 거론하는 것 자체가 고소인에 대한 2차 가해라고 성토한다. 이런

---

3 피해자다움에 대한 유사한 비판은 정대현(2018, p. 94). 양선숙(2018, p. 321), 그리고 주류 언론사의 무수한 기사와 사설에서도 나타난다. 이런 비판에 대한 더 자세한 논의는 제5장에서 이루어질 것이다.

여성주의 활동가들의 비판을 의식했기 때문인지는 몰라도 최근 성범죄 관련 법원 판결은 성범죄 고소인의 신빙성에 대해 다소 관대한 모습을 보인다. 그러자 이번에는 논란의 반대편에서 사법 체계의 근간인 무죄 추정의 원칙이 무너졌다고 성토한다.[4] 어떠한 직접 증거도 없는 상태에서 아무런 원칙이나 근거 없이 고소인의 진술을 무작정 수용하면 억울한 무고 피해를 어떻게 막을 수 있느냐는 것이다. 성범죄 재판을 두고 벌어지는 일련의 이견과 반목이 그렇지 않아도 심각한 한국 사회의 남녀 갈등에 불을 지피는 모양새이다.

심히 안타까운 점은 정작 이러한 논란을 합리적으로 해결해야 할 학계에서 그에 대한 학술적 논의가 거의 전무하다는 사실이다. 논란의 중심에 '피해자다움'이라는 개념이 있다는 점에서 학계가 그 개념의 올바른 이해를 위한 학술적 자원을 제공하고, 그 개념이 사법적 판단에서 어떤 중요성을 갖는지에 대한 엄밀한 검토를 시도하는 것은 그에 대한 사회적 갈등을 건설적으로 해소하는 초석이라고 할 수 있다. 이러한 고려하에 비추어 이 책의 제1부에서 나는 기존의 행위철학이나 인식론의 여러 개념과 설명을 동원하여 피해자다움에 대한 학술적 이해를 위한 자원을 마련하고, 그를 통하여 피해자다움을 둘러싼 최근의 논쟁에 대한 하나의 실질적인 지침을 제공할 것이다.

---

4   윤신원, 〈왜 성범죄만 '유죄추정의 원칙'?…무고 당한 남성들의 '힘투' 목소리〉, 《아시아경제》, 2018.10.15.

제1장
피해자다움

개념의 명료화

　　　　성범죄와 관련한 피해자다움에 대한 본격적인 논의를 시작하기에 앞서 간단한 개념의 명료화를 시도해 보자. 먼저 피해자다움 개념은 언제나 어떤 범죄에 상대적인 개념임을 명심하자. 예를 들어, 사기 범죄의 피해자에게서 나타나는 피해자다움은 상해 범죄의 피해자에게서 나타나는 피해자다움과는 다를 수밖에 없다. 마찬가지로 강간 범죄의 피해자에게서 나타나는 피해자다움은 위력에 의한 간음죄의 피해자에게서 나타나는 피해자다움과는 또 다르다. 그런 점에서 어떤 이가 피해자다움을 말할 때 그것이 뜻하는 바는, 언제나 어떤 특정한 범죄에 대한 피해자다움

이어야 할 것이다. 고로 이하에서 피해자다움이 언급될 때 그것은 언제나 '어떤 특정한 범죄에 대한 피해자다움'을 뜻하는 것으로 이해되어야 한다.

다음으로 피해자다움 개념에 관해서 내가 명확히 밝히고 싶은 바는 '피해자답다'는 술어는 기본적으로 어떤 범죄가 발생하는 것으로 추정되는 시점 t 이후 그 범죄의 피해자로 추정되는 행위자 A가 보이는 행위에 대하여 서술된다는 것이다. 다시 말해서 피해자다움이라는 속성의 추정적 담지자putative bearer of the property는 시점 t 이후 A의 행위라는 것이다. 예를 들어서 상당히 심각한 상해의 피해자로 추정되는 이가 시점 t 이후에 고통을 호소하며 병원을 찾았다면 상식적 관점에서 우리는 그의 행위를 피해자답다고 말하기에 주저하지 않을 것이다. 한편 상당히 심각한 상해의 피해자로 추정되는 이가 시점 t 이후에 고통을 호소하지도 병원을 찾지도 않으면서 곧장 철인3종 경기에 참가했다면 상식적인 관점에서 우리는 그의 행위를 피해자답지 않다고 말할 것이다. 이처럼 피해자다움은 시점 t 이후 피해자로 추정되는 이의 행위에 귀속되는 속성이다.

이 논점이 중요한 이유는 최근 피해자다움에 대한 논란에서 그 개념이 상당히 다양하고 불분명하게 사용되고 있기 때문이다. 제5장에서 자세히 다루겠지만, 일부 강간죄 남성 피고인의 변호인들은 여성 고소인이 성범죄 우범 지역을 배회했다는 이유로, 야한 옷을 입었다는 이유로, 과거에 성경험이 풍부했다는 이유로, 성매매 업소에 종사했다는 이유로, 정신질환 병력이나 전과가 있다는 이유로, 성폭력 당시 음주 상태였다는 이유로 피해자답지 못하다고 주장하기도 한다. 이처럼 일부에서 여성 고소인이 우리 사회가 수용하는 '이상적인 피해자 내러티브ideal victim narratives'에 부합하지 않는다는 근거를 들어 그 여성의 고소인 진술의 신빙성을 기각하려고 시도한다. 아래에서 자세히 논의하겠지만 나는 이러한 시도가 인식적 정당성이 전혀 없을 뿐만 아니라 부도덕한 행위라고 본다.

여기서 중요한 논점은 이러한 이상적인 피해자 내러티브는 내가 이하에서 논의할 피해자다움과 명확히 구분되어야 한다는 것이다. 이 책에서 논의할 피해자다움은 **오직 시점 t 이후 범죄의 피해자로 추정되는 이가 수행하는 행위에 귀속되는 속성**이다. 예를 들어 강간죄에 대한 피해자다움은 강간죄의 고소인이 범죄가 발생했다고 추정되는 시점 이후에 어떤 행적을 보였는지에 관한 것이다. 그 고소인이 과거 어떤 성력을 가졌는지, 어떤 직업을 가졌는지, 사건 당시 어떤 옷을 입었는지, 어떤 성적 지향sexual orientation을 가졌는지 등은 강간죄에 대한 피해자다움 개념에 포함되지 않는다. 이제부터 나는 그렇게 피해자다움 개념을 정교하게 이해할 때 그것이 성범죄 재판에서 합당한 판단 근거로 사용될 수 있음을 논증할 것이다.

고소인 진술의 증명력과 피해자다움

내가 이해한 바의 피해자다움이 형사재판에서 중요한 이유는 그것이 자신이 범죄의 피해자라는 고소인 진술[5]의 신빙성을 평가할 때 유력한 근거로 기능하기 때문이다. 먼저 핵심 용어인 진술의 신빙성에 대해서 간단히 설명하기로 하자.

이 책에서 진술의 '신빙성'은 형사소송법상 진술의 '증명력'과 같은 의미를 갖는다. 진술의 신빙성이나 증명력은 모두 그 진술을 얼마나 믿을 것인가, 그 진술을 얼마나 큰 비중으로 재판에서 고려할 것인가와 관련되고, 바로 이것이 이 책의 핵심 주제이다.

진술의 '신빙성'이나 '증명력'은 각각 그것의 '증거능력'과 구분되어야 한다. 진술의 증거능력은 진술이 재판에서 적법한 증거로 인정될 수 있는지와 관련된다. 가령 위법수집증거배제법칙(형사소송법 제308조 제2항)과 자백배제법칙(동법 제309조)은 진술의 증거능력에 대한 규정을 담고 있다. 한편 진술의 증명력이나 신빙성은 일단 적법한 것으로 인정된 진술증거가 실제 재판에서 얼마나 진지하게 고려되어야 하는지와 관련된다.

현재 대한민국 형사소송법은 진술의 증명력에 대하여 자유심증

---

5   여기서 '진술'은 '진술증거'의 줄임말로 재판정에서 증인의 진술 형태로 제출된 증거를 뜻한다. 그에는 구두에 의한 진술증거(구술증거)와 서면에 의한 진술증거(진술기재서면)가 포함된다. 이에 대한 상세한 논의는 이창현(2018, p. 792)을 참고.

주의를 채택하고 있다. 여기서 자유심증주의란 진술의 증명력에 대해 적극적 또는 소극적으로 법률에 정하지 아니하고 법관의 자유로운 판단에 맡기는 원칙을 말한다. 증인의 진술이 피고인의 유무죄를 입증할 정도의 증명력을 갖는지를 법률로 사전에 규정하는 대신에 법관이 자유롭게 판단하는 것을 허락하여 해당 사건의 실체에 가장 부합하는 판결을 이끌어 내자는 것이 그 취지이다.[6]

그러나 자유심증주의의 취지가 법관이 증거의 증명력에 대하여 아무런 원칙이나 합리성 없이 자의적으로 판단하는 것까지 허락하는 것은 아니다. 실제로 대법원은 그에 대하여 다음과 같이 판시한다.[7]

> 증거의 증명력은 법관의 자유판단에 맡겨져 있으나 그 판단은 논리와 경험칙에 합치하여야 하고, 형사재판에 있어서 유죄로 인정하기 위한 심증형성의 정도는 합리적인 의심을 할 여지가 없을 정도여야 하나, 이는 모든 가능한 의심을 배제할 정도에 이를 것까지 요구하는 것은 아니며, 증명력이 있는 것으로 인정되는 증거를 합리적인 근거가 없는 의심을 일으켜 이를 배척하는 것은 자유심증주의의 한계를 벗어나는 것으로 허용될 수 없다.

---

6 형사소송법상 증명력 개념이나 자유심증주의에 대한 자세한 설명은 이창현(2018)을 참고.
7 대법원 2018.10.25 선고 2018도7709 판결.

대법원의 메시지는 분명하다. 증거의 증명력에 대한 법관의 판단은, 비록 그에 대해 법률이 규정하는 규칙은 없지만, 그럼에도 상식적이고 합리적인 틀 안에서 이루어져야 한다는 것이다. 실제로 많은 법이론가들은 증거의 증명력을 논리적으로 엄밀하게 판단하는 방안에 대하여 연구하였고, 그중 일부는 고소인의 진술이 참이라는 가설에 대한 판사의 주관적 확률subjective probability 혹은 피고인 진술이 참이라는 가설에 대한 판사의 주관적 확률이 증거에 의해 업데이트되는 방식을 베이즈주의 인식론Bayesian epistemology[8]

---

8 베이즈주의 인식론은 믿음에 관한 두 가지의 핵심 논제로 이루어진다. 그 첫 번째 논제는 명제 X에 대한 합리적 믿음의 정도는 '$P(X)$'라는 확률 함수로 표현된다는 것이다. 여기서 $P(X)$는 0보다 크고 1보다 작은 실숫값이다. 우리가 확실히 참이라고 믿는 명제 T에 대해선 $P(T)=1$이, 확실히 거짓이라고 믿는 명제 F에 대해선 $P(F)=0$, 그 이외의 경우에선 $0<P(X)<1$이 성립한다는 것이다. 그 두 번째 논제는 명제에 대한 합리적 믿음의 정도가 새로운 정보의 유입에 따라서 어떻게 통시적으로 변화하는지에 관한 것이다. 소위 단순한 조건화 원칙(simple principle of conditionalization)은 그에 대한 가장 소박한 접근에 해당한다. 내가 시점 t에 명제 Y가 참이라는 정보를 새롭게 획득하는 상황을 상상해 보자. 시점 t 이전에 명제 X에 대한 내 믿음의 정도를 표현하는 확률 함수를 $P_{before}(X)$라고 하고, 시점 t 이후에 명제 X에 대한 내 믿음의 정도를 표현하는 확률 함수를 $P_{after}(X)$라고 가정하자. 그때 $P_{before}(X)$와 $P_{after}(X)$ 사이에 다음의 관계가 성립한다는 것이 단순한 조건화 원칙이다.

$$SPC.\ P_{before}(X/Y)=P_{after}(X)$$

여기서 $P_{before}(X/Y)$는 Y가 참이라는 가정하에서 X의 조건부 확률이다. 내가 시점 t에 Y가 참이라는 정보를 획득할 때 내 믿음의 정도를 표현하는 확률 함수는 $P_{before}(X)$에서 $P_{after}(X)$로 변화하는데, 그때 그 둘 사이에는 (SPC)의 관계가 성립한다는 것이다. 베이즈주의자들은 (SPC) 혹은 그것을 좀 더 정교화한 어떤 조건화 원칙이 있어서 그것이 명제 X에 대한 믿음의 정도가 새로운 정보의 유입에 따라 변화하는 방식의 합리성을 포착할 수 있다는 신념을 공유한다. 이것이 베이즈주의 인식론의 두 번째 논제에 해당한다. 요약하자면 베이즈주의 인식론은 명제에 대한 합리적 믿음의 정도는 확률 함수로 표현될 수 있고, 아울러 그 확률 함수

의 관점에서 형식화하기도 하였다.[9]

이 책에서 나는 피해자다움을 고소인의 행위와 고소인 진술 사이의 확률적 상관관계를 통하여 분석하는 베이즈주의적 접근을 취하지는 않을 것이다. 그럼에도 나는 증거의 증명력에 대한 법관들의 추론을 합리화할 수 있는 이론적 지침이 마련되어야 한다는 베이즈주의자들의 기본적인 정신에는 공감한다. 특히 성범죄 재판에서 고소인의 피해자다움이 고소인 진술의 신빙성에 어떤 영향을 미치는지에 대한 합리적인 추론 모형이 주어져야 한다는 사실에 이견이 있기 힘들다.

일반적으로 고소인의 피해자다움은 형사재판에서 자신이 범죄의 피해자라는 고소인 진술의 신빙성을 평가할 때 유력한 근거로 간주된다. 고소인 A가 시점 t에 상해를 당했다고 진술하는 상황에서 고소인 진술의 신빙성은 시점 t 이후 A의 행위가 상해죄의 피해자다움을 발현했는지에 의해서 적어도 부분적으로 평가될 수 있다. 형사재판에서 사건 당사자들의 진술이 사법적 숙의 과정에서

는 시간에 따라 (SPC) 혹은 그와 유사한 어떤 조건화 원칙에 의해서 변화한다는 인식론적 견해이다. 베이즈주의 인식론에 대한 자세한 설명은 이영의·박일호 (2005), Talbott(2008)을 참고.

9 베이즈주의 인식론은 법적 추론을 연구하는 법이론가들에게 익숙한 주제이다. 틸러스와 그린(Tillers and Green 1988)은 법적 추론에 대한 베이즈주의 인식론의 취지와 내용을 가장 광범위하고 자세하게 설명한다. 로버트슨과 비그노 (Robertson and Vignaux 1993)는 법적 추론에서 베이즈주의의 필요성을 가장 강력하게 역설한다. 이에 대하여 아마야(Amaya 2015, chap. 2)는 법이론에서의 베이즈주의 인식론을 반대하며, 그에 대하여 가장 엄밀하고 포괄적인 비판을 제기한다.

핵심적인 지위를 갖는다는 점[2]에서 그 진술의 신빙성에 대한 평가 근거로 활용될 수 있는 고소인의 피해자다움이 사법 현장에서 갖는 중요성은 아무리 강조해도 지나치지 않다.

고소인의 피해자다움은 성범죄 재판에서 유독 많은 주목을 받았는데, 그것은 성범죄가 발생하는 많은 경우 자신이 성범죄 피해를 당했다는 피해자의 진술 증거 이외에 범죄 사실을 증명할 별도의 객관적인 직접증거corroborating evidence가 존재하지 않는 성범죄의 특수성 때문이다.[10] 피고인의 유무죄를 판단할 직접증거가 충분한 상황이라면 재판이 고소인의 진술증거에 전적으로 의존하는 상황을 피할 수 있고, 그런 만큼 그 진술증거의 신빙성에 대한 단서로서 고소인의 피해자다움은 오직 제한적인 중요성만을 갖게 될 것이다. 그러나 가해자와 피해자 사이의 내밀한 관계 속에서 발생하는 성범죄의 경우, 재판은 곧잘 고소인의 진술증거에 전적으로 의존하기 쉽다. 고소인의 진술증거에 대한 신빙성 평가를 위한 고소인의 피해자다움에 대한 논의가 재판의 초점이 된다는 것을 뜻한다.[11] 고소인의 진술만으로 피고인의 유무죄를 판단해야 하는

---

10 이처럼 공소사실에 부합하는 직접증거로 사실상 고소인 진술이 유일한 성범죄 사건에 대한 판결로는 〈대법원 2012. 5. 10. 선고 2011도16413 판결〉과 〈서울고등법원 2013. 12. 19. 선고 2013노2592 판결〉 등이 있다. 첫 번째 판결의 판결문에서 대법원은 "…… 이 사건 공소사실에 부합하는 직접증거로는 사실상 피해자의 진술이 유일하며 나머지 증거는 모두 피해자의 진술에 기초한 전문증거 등에 불과하다. 이러한 경우 오로지 피해자의 진술에만 터 잡아 공소사실을 유죄로 인정하기 위해서는 그 진술의 진실성과 정확성에 거의 의심을 품을 만한 여지가 없을 정도로 높은 증명력이 요구되고……"라고 말하고 있다.

11 고소인의 피해자다움에 대한 평가를 통해 유죄판결이 난 성범죄 재판으로는 〈서

경우가 흔한 성범죄 재판에서 그 진술의 신빙성을 평가할 수밖에 없고, 그때 고소인의 피해자다움이 법적 논쟁의 중심이 될 수밖에 없다는 것이다.

고소인 진술의 신빙성 평가 기준

고소인 진술의 신빙성을 평가할 때 고소인의 피해자다움이 유일한 고려사항은 아니다. 고소인의 피해자다움이 아닌 다른 요소를 통하여 고소인 진술의 신빙성을 평가할 수 있다. 실제로 대법원은 "[고소인 진술이] 이러한 증명력을 갖추었는지 여부를 판단할 때는 피해자가 한 진술 자체의 합리성, 일관성, 객관적 상당성은 물론이고 피해자의 성품 등 인격적 요소까지 종합적으로 고려하여야 한다"고 판시하고 있다.[12] 유사하게 대법원은 또 다른 판결에서 "피해자 등의 진술은 그 진술 내용의 주요한 부분이 일관되며, 경험법칙에 비추어 비합리적이거나 진술 자체로 모순되는 부분이 없고, 또한 허위로 피고인에게 불리한 진술

울남부지방법원 2006. 8. 10. 선고 2006고합93, 166(병합) 판결)이 있다. 한편 고소인의 피해자다움에 대한 평가를 통해 무죄판결이 난 성범죄 재판으로는 〈대법원 2012. 5. 10. 선고 2011도16413 판결〉, 〈대법원 1991. 10. 22. 선고 91도1672 판결〉, 〈대법원 2014. 11. 13. 선고 2014도9288, 2014전도 167 판결〉 등이 있다.

12 대법원 2012. 5. 10. 선고 2011도16413 판결.

을 할 만한 동기나 이유가 분명하게 드러나지 않는 이상, 그 진술의 신빙성을 특별한 이유 없이 함부로 배척해서는 아니 된다"라고 판시한다.[13]

고소인의 피해자다움이 경험법칙에 비춘 고소인 진술의 합리성이나 객관적 상당성에 대응하는 것이라고 할 때, 이 판결문에서 대법원은 고소인의 피해자다움 이외에 진술의 일관성, 고소인이 허위로 피고인에게 불리한 진술을 할 만한 동기나 이유, 피해자의 성품 등과 같은 인격적 요소까지 함께 고려하여 고소인 진술의 신빙성을 평가할 것을 권고하고 있다. 이는 상당히 중요한 논점인데, 그것이 왜 중요한지는 이후 제5장에서 자세히 살펴보겠다.

고소인 진술의 신빙성에 대한 해외의 문헌도 대법원 판결과 대동소이한 내용을 담고 있다. 보그트, 클리키, 크로스먼은 〈어린이 성범죄에서 피해자 진술의 신빙성 평가: 체계적 리뷰Measurement of Victim Credibility in Child Sexual Assault Cases: A Systematic Review〉에서 어린이 성범죄 사건에서 어린이의 진술증거의 신빙성 평가 기준에 대한 조사의 일환으로 범죄학이나 심리학 연구 자료에 대한 광범위한 메타분석 meta-analysis을 진행하였다.[3] 그 결과 그들은 범죄학이나 심리학 연구자들이 믿음직함believability,[14] 정직성truthfulness,[15] 일

---

13 대법원 2018. 10. 25. 선고 2018도7709 판결.
14 여기서 믿음직함은 고소인의 진술이 여러 정황상 얼마나 그럴듯한가와 관계된다. 그런 점에서 고소인 진술의 믿음직함은 대법원 판결문에서 언급되는 고소인 진술의 합리성이나 객관적 상당성과 사실상 동일한 것으로 간주될 수 있다.
15 이 책에서 고소인의 '정직성'은 고소인이 거짓말을 하지 않을 성향으로 이해될 것

관성consistency, 남김없이 진술하기full disclosure 등을 고소인 진술의 신빙성을 판단하는 주요 기준으로 삼는다는 사실을 밝혀냈다. 보그트 등이 명시적으로 지적하듯 이러한 기준은 서로 배타적이기보다는 상호 중첩적인 성격을 갖는데, 우리의 핵심 주제인 고소인의 피해자다움은 그들의 기준에서 볼 때 믿음직함과 관련된다고 볼 수 있다.

마찬가지로 호주의 범죄학자 데니스 리에보어Denise Lievore는 〈성인 성범죄에서 피해자 진술의 신빙성Victim Credibility in Adult Sexual Assault Cases〉에서 고소인의 진술이 갖는 신빙성을 판단할 때 고려되어야 하는 요소를 열거하면서 '서로 다른 시점에 고소인이 제시하는 진술 사이의 일관성', '고소인의 진술과 다른 목격자 진술 사이의 일관성', '자신이 아는 것을 있는 그대로 진술하는 정직성(자신에게 유리하도록 사건을 포장하지 않는 모습)' 등을 언급하면서 동시에 '사건 이후 고소인의 행적'을 꼽고 있고,[4] 그것은 우리가 논의하는 피해자다움과 다르지 않다.[16]

정리하자면, 성범죄가 발생했다는 고소인의 진술을 무조건 참으로 수용할 수도, 무조건 거짓으로 배척할 수도 없는 성범죄 재판에서, 그 진술의 신빙성에 대한 다양한 평가 근거가 존재한다. 이

이다. 영어로는 truthfulness, sincere, honest, trustworthy 등에 대응한다.
16 책의 주제와는 밀접한 관련은 없지만, 성범죄 재판에서 고소인 진술의 신빙성을 평가하는 심리학적 분석 기법을 제안하는 조은경(2004)과 이종엽(2010)의 논의도 참고할 필요가 있다.

하의 장에서 그 평가근거들을 하나하나 검토할 것인데, 그 가운데 고소인의 피해자다움이 가장 핵심적이라는 것이 밝혀질 것이다. 그런 점에서 고소인의 피해자다움에 대한 정확한 성격을 규명하고자 시도하는 이 책은 성범죄 재판에서 사건의 실체에 가장 부합하는 판결을 내려 사법적 정의를 확립한다는 재판의 목적에 비추어 중요한 의의를 지닌다고 하겠다.

피해자다움과 가해자다움

제1장을 마치기 전에 고소인의 피해자다움과 함께 자주 언급되는, 피고인의 가해자다움에 대해서도 간단히 살펴보기로 하자. 최근 공론장에서 고소인 진술의 신빙성을 판단하기 위한 기준으로 고소인의 피해자다움을 거론하는 것에 대한 여성주의 활동가들의 반발이 적지 않았는데, 그 반발의 핵심 논거 중 하나가 '왜 가해 남성의 가해자다움은 묻지 않고 피해 여성의 피해자다움만을 묻는가?'라는 질문으로 대표될 수 있다.

고소인 여성은 성범죄가 발생했다고 진술하고 피고인 남성은 성범죄가 발생하지 않았다고 진술하는 상황에서, 만약 고소인 여성의 진술증거가 신빙성을 갖는지 판단하기 위하여 고소인 여성의 피해자다움을 조사해야 한다면 마찬가지로 피고인 남성의 진술증거의 신빙성을 따지기 위하여 피고인 남성의 가해자다움 역시 조사해야 하는 것 아니냐는 것이 그들의 핵심 논점이다. 이로부터 여성주의 활동가들은 성범죄 재판에서 남성의 가해자다움에 대한 철저한 조사가 있어야 함에도 불구하고 그에 대해서는 별다른 조사가 이루어지지 않고, 반대로 여성의 피해자다움에 대해서만 집요한 조사가 이루어지는 것은 또 하나의 남녀 차별이라고 목소리를 높인다.[17]

나는 이러한 여성주의 활동가들의 논점에 상당 부분 공감한다. 아래에서 자세히 살펴보겠지만 고소인 여성의 피해자다움은 성범죄가 발생했다는 고소인 진술의 신빙성을 높이는 효과를 갖는다. 마찬가지로 피고인 남성의 가해자다움 역시 성범죄가 발생했다는 고소인 진술의 신빙성을 높이는 효과를 갖는다. 반대로 고소인 여성의 피해자답지 못함이나 피고인 남성의 가해자답지 못함은 그러한 효과를 갖지 못할 것이다. 이처럼 고소인의 피해자다움이나 피고인의 가해자다움이 공히 성범죄가 발생했다는 고소인 진술의 신빙성에 대한 우리의 판단에 영향을 미친다는 점에서 그 둘 모두에 대한 면밀한 검토는 필수적이라고 하겠다. 이런 고려에서 나는 앞으로 고소인의 피해자다움에 대한 분석과 함께 피고인의 가해자다움에 대한 분석도 함께 시도할 것이다.

---

17 한혜란, 〈왜 가해자다움은 안 따지고 피해자만 정형화시키나요?〉, 《연합뉴스》, 2018. 8. 21.

제2장
피해자다움에 대한 분석

피해자다움과 행위 설명

이제 피해자다움에 대하여 좀 더 상세한 논의를 위하여 행위자 A가 시점 t에 어떤 범죄 C의 피해를 입었다고 가정해 보자. 이때 시점 t 이후 A의 행위가 피해자답다는 것은 무엇을 뜻할까? 이 어려운 질문에 대하여 나는 행위철학적 개념을 도입하여 답변하고자 한다. 그 답변은 A의 행위가 피해자답다는 것은 A가 범죄 C의 피해자라는 가정하에서 그의 행위가 설명될 수 있다는 것, 이해될 수 있다는 것, 납득될 수 있다는 것을 뜻한다는 관찰에서 출발한다.

상당히 심각한 종류의 상해를 당했다고 진술하는 고소인 A를 상상해 보자. A가 시점 t 이후에 고통을 호소하며 병원을 찾았을 때 그 행위는 상해죄에 대하여 피해자답다고 말할 수 있는데, 그것은 그가 상해죄의 피해자라는 가정하에서 그의 행위(고통을 호소하고 병원을 찾는 행위)가 설명되고, 이해되고, 나아가 납득될 수 있기 때문이다. 한편 A가 시점 t 이후에 고통을 호소하거나 병원을 찾지 않고 대신 철인3종 경기에 참여한다면 A의 행위는 상해죄에 대하여 피해자답다고 할 수 없다. 그것은 그가 상해죄의 피해자라고 가정할 때 그의 행위(고통에 대한 호소 없이 철인3종 경기에 참여하는 행위)는 적어도 상식적으로 이해될 수도 납득될 수도 없기 때문이다.

이러한 고려하에서 행위자 A의 피해자다움은 다음과 같이 분석될 수 있다.

V. 시점 t 이후 A의 행위 S는 범죄 C에 대하여 피해자답다 iff [A가 C의 피해자이다]라는 가설하에서 A의 행위 S는 [A가 C의 피해자가 아니다]라는 가설하에서보다 더 잘 설명되고 이해된다.

여기서 'iff'는 영어 'if and only if'의 준말이다. 이에 'P iff Q'는 한국말로 P가 성립할 때 오직 그때만 Q가 성립한다는 뜻이다. '철수는 총각이다 iff 철수는 결혼하지 않은 남자이다'는 철수가 결혼하지 않은 남자일 때 그리고 오직 그때만 총각이라는 것을 뜻하고, 이는 우리가 모두 잘 알듯이 참이다.

이제 (V)가 무엇을 뜻하는지 살펴보기로 하자. (V)는 행위자

A의 행위 S가 피해자답다는 것을 [A가 C의 피해자이다]라는 가설 하에서 그 행위 S가 [A가 C의 피해자가 아니다]라는 가설하에서 보다 더 잘 설명되고 이해된다는 말로 분석한다. 상해죄의 고소인 A가 고통을 호소하며 병원을 찾는 모습은 A가 상해죄의 피해자라 는 가정하에서 자연스럽게 설명되고 이해된다. 뿐만 아니라 A가 상해죄의 피해자가 아니라는 가정하에서는 도대체 그가 왜 고통 을 호소하며 병원을 찾았는지 설명하거나 이해할 길이 없다. 이런 점에서 A가 상해죄의 피해자라는 가정은 고통을 호소하며 병원을 찾는 그의 행위에 대한 설명적 이해를 가능하게 만드는 반면에 A 가 상해죄의 피해자가 아니라는 가정은 그 행위를 설명적으로 이 해할 가능성을 봉쇄한다. 나는 A가 고통을 호소하며 병원을 찾는 행위가 이러한 의미에서 '피해자답다'고 제안한다. A가 상해죄의 피해자라는 가설하에서 A의 행위가 A가 상해죄의 피해자가 아니 라는 가설하에서보다 훨씬 더 잘 설명되고 이해된다는 것이다.

만약 상당히 심각한 상해의 피해자 A가 시점 t 직후에 고통을 호소하지도 병원을 찾지도 않고 철인3종 경기에 참여했다면 어떨 까? 분명 그것은 피해자다운 행위가 아니다. 먼저 그가 상해죄의 피해자라고 가정할 때 그의 행위는 상식적으로 이해될 수도 납득 될 수도 없다. 상해죄의 피해자라면 심각한 상해를 입었을 것이고, 그 경우 상해에 대한 고통을 호소하면서 병원을 찾는 것이 인지상 정이기 때문이다. 반대로 그가 아무런 상해도 경험하지 않았다고 가정할 때, 다시 말해 그가 상해죄의 피해자가 아니라고 가정할 때 어떠한 고통의 호소 없이 철인3종 경기에 참여하는 그의 행위는 별다른 어려움 없이 이해되고 설명될 수 있다. 결국 [A가 상해죄의 피해자가 아니다]라는 가설하에서 그가 아무런 고통의 호소 없이 철인3종 경기에 참여한 행위는 [A가 상해죄의 피해자이다]라는 가설하에서보다 훨씬 더 잘 설명되고 이해된다. 이는 (V)에 따르면 A의 행위가 피해자답지 못하다는 것을 의미한다.

피해자다움에 대한 위의 서술과 관련하여 두 가지의 사항이 긴급히 해명될 필요가 있다. 첫 번째, 위의 서술에서 나는 (V)를 형식화하며 그리고 그것의 내용을 해설하며 행위자 A의 행위가 '더 잘 설명되고 이해된다'는 표현을 핵심어로 사용하였다. 그런데 그것이 무슨 뜻이냐는, 그것을 너무 자의적으로 사용하는 것 아니냐는 의문을 제기할 수 있다. 이 의문은 지극히 정당한 것이고, (V)가 피해자다움에 대한 적합한 분석으로 수용되기 위해서 반드시 답변될 필요가 있다. 그런데 그러한 답변을 위해서는 우리는 **인간의 행위를 설명하고 이해한다는 것이 무엇인가?**라는 유서 깊은 철학적 주제와 마주해야 한다. 내가 어떤 행위자의 행위, 가령 상해 피해자가 병원을 찾는 행위를 이해한다는 것이 도대체 무엇을 뜻하느냐는 말이다. 이 난해한 철학적 주제에 대해서는 앞으로 제3장과 제4장에서 상세히 다루어질 것인데, 그를 통하여 (V)는 공고한 이론적 토대를 확보할 것이다.

다음으로 (V)에 대한 나의 서술에서 긴급히 해명되어야 할 두 번째 중요 논점은, 피해자의 행위가 피해자다운지에 대하여 판단하면서 내가 제시한 추론은 **모두 추가 정보에 의해 철회 가능한 추론** defeasible reasoning이라는 사실이다. 상해죄 피해자가 고통을 호소하며 병원을 찾았지만 사실 병원을 찾은 이유가 그 상해 때문이 아니라 평소 지병 때문이라면, 그가 병원을 찾은 행위가 피해자다웠는지에 대한 판단은 달라져야 할 것이다. 마찬가지로 상해죄 피해자가 시점 t 이후에 철인3종 경기에 참여했지만 그가 상해에도 불구하고 경기에 꼭 참여해야만 하는 절박한 이유가 있었다면, 그가 철인3종 경기에 참여하는 행위가 피해자다웠는지에 대한 판단 역시 달라져야 할 것이다.

이런 점에서 피해자의 행위가 피해자다운지를 판단하기 위해 내가 이하에서 수행하는 추론은 모두 **다른 모든 조건이 동일하다** other things being equal는 단서 조항 ceteris paribus clause 하에서의 추론이고, 추가적인 정보에 의하여 그 단서 조항이 충족되지 않는 것으로 밝혀질 때, 그 추론 역시 무효화된다는 점을 잊지 말아야 할 것이다. 피해자다움에 대한 최종적 판단은 고소인, 피고인, 그 외 다양한 정황에 대한 모든 유관 정보가 다 확정된 후에야 비로소 가능할 것이다.

(V)에 대한 이해를 돕기 위하여 그것을 다른 사례에 한번 적용해 보자. 고소인 A가 피고인 B로부터 시점 t에 강간을 당했다고 진술하는 상황을 상상해 보자. 만약 시점 t 이후에 A가 심각한 수치심을 느끼며 심리적인 파국을 경험했다면 우리는 A가 피해자다운 모습을 보였다고 말할 수 있을 것이다. A가 강간죄의 피해자라는

가정하에서 그의 모습이 설명되고 이해되기 때문이다. 좀 더 정확히 말하자면 A가 강간죄의 피해자라는 가정하에서 A의 모습이, A가 강간을 당하지 않았다는 가정하에서보다 더 잘 설명되고 이해되기 때문이다.

한편 A가 시점 t 이후에 B와 온종일 데이트를 즐겼다면 (V)는 A가 피해자다운 모습을 보이지 않았다는 판단을 내린다. A가 B에 의해서 강간을 당했다는 가정하에서 A가 B와 온종일 데이트를 즐긴다는 것은 쉽게 납득되기 어렵기 때문이다. 반대로 A가 강간의 피해자가 아니라는 가정하에서 그것은 더 용이하게 납득이 된다. 결론적으로 A가 강간의 피해자라는 가정하에서보다 **A가 강간의 피해자가 아니라는** 가정하에서 B와 온종일 데이트를 즐기는 A의 행위가 더 잘 설명될 수 있고, 이는 (B와 온종일 데이트를 즐기는) A의 행위가 피해자다운 행위가 아님을 뜻한다.

고소인의 행위가 피해자다운지 결정하는 절차가 철회 가능한 추론을 통해 이루어진다는 논점은 이번 사례에서도 다시금 적용된다. 만약 강간 피해자가 성적 자존감을 결여하고 있다는 추가 정보가 주어진다면, 그 피해자가 강간 이후에 심각한 수치심을 느끼며 심리적인 파국을 경험하지 않았다는 사실로부터 곧장 그 피해자의 행위가 피해자답지 못하다고 성급히 결론 내릴 수 없다. 마찬가지로 부부 강간의 경우 강간 피해자가 시점 t 이후에 그 가해자와 온종일 데이트를 즐겼다는 사실로부터 곧장 피해자의 행위가 피해자답지 못하다고 성급히 결론 내릴 수 없다. 피해자다움에 대한 최종적 판단은 해당 사건에 대한 충분한 정보가 주어진 후에야 비로소 가능하다는 점은 아무리 강조해도 지나치지 않다.

피해자답지 않은 행위의 두 유형: 가짜피해자다운 행위와 피해중립적 행위

지금까지 나는 (V)를 통하여 피해자다움이 무엇인지에 대하여 간략히 설명하였다. (V)가 피해자다움에 대한 분석을 제시하는 만큼 그를 통하여 고소인의 행위가 피해자답지 않다는 것이 무엇인지를 분석할 수 있다. 그것은 [A가 C의 피해자이다]라는 가설하에서 A의 행위 S가, [A가 C의 피해자가 아니다]라는 가설하에서보다 더 잘 설명되고 이해되지 **않는다는** 것을 뜻한다. 이때 고소인의 행위 S가 피해자답지 않은 경우를 두 가지 유형으로 구분하는 것이 가능하다.

먼저 첫 번째 경우는 [A가 범죄 C의 피해자가 아니다]라는 가설하에서 A의 행위 S가 [A가 C의 피해자이다]라는 가설하에서보다 더 잘 설명되고 이해되는 경우이다. 다시 말해서 A의 행위 S가 A가 C의 피해자라고 가정할 때보다 **A가 C의 피해자가 아니라고 가정할 때** 더 잘 이해되고 설명된다는 말이다. 앞서 예로 들었던 상해죄 피해자 사례에서 그 피해자가 아무런 고통의 호소 없이 병원도 찾지 않고 곧장 철인3종 경기에 참가하는 행위가 이에 해당한다. 그의 행위는 그가 상해죄의 피해자라고 가정할 때보다 그가 상해죄의 피해자가 아니라고 가정할 때 훨씬 더 잘 설명되고 이해되기 때문이다. 편의상 이런 경우 그 행위를 **가짜피해자답**다고 말하자.

형식적으로 가짜피해자다움을 정의하면 다음과 같다.

FV. 시점 t 이후 행위자 A의 행위 S는 범죄 C에 대하여 가짜피해자답다 iff [A가 C의 피해자가 아니다]라는 가설하에서 A의 행위 S가 [A는 C의 피해자이다]라는 가설하에서보다 더 잘 설명되고 이해된다.

(FV)에 따르면 행위자 A의 행위 S가 가짜피해자답다는 것은 [A가 C의 피해자가 아니다]라는 가설하에서 그 행위가 [A가 C의 피해자이다]라는 가설하에서보다 더 잘 설명되고 이해된다는 것이다. 이 (FV)에 따르면 아무런 고통의 호소 없이 병원도 찾지 않고 곧장 철인3종 경기에 참가하는 A의 행위는 '상해죄에 대하여' 가짜피해자답다. 마찬가지로 전술한 강간죄의 사례에서 시점 t 이후에 B와 온종일 데이트를 즐긴 A의 행위 역시 강간죄에 대하여 가짜피해자답다. 왜냐하면 A가 강간죄의 피해자라고 가정할 때보다 A가 강간죄의 피해자가 아니라고 가정할 때 A의 행위를 더 잘 설명하고 이해할 수 있기 때문이다.

지금까지 (V)가 피해자답지 않은 행위로 판정하는 경우 중 한 가지 유형의 경우, 즉 가짜피해자다운 행위가 발생하는 경우를 살펴보았다. (V)가 피해자답지 않은 행위로 판정하는 경우에는 또 다른 유형도 존재하는데, 우리가 A의 행위 S를 이해하거나 설명할 때 A가 범죄 C의 피해자인지 여부가 아무런 연관성을 갖지 않는 경우가 그에 해당한다. A가 C의 피해자라고 가정하든 혹은 A가 C의 피해자가 아니라고 가정하든 A의 행위 S를 이해하거나 설명하는 데 아무런 차이도 없는 경우이다. 이러한 행위를 '**피해중립적** 행위'라고 부르자.

상해죄의 피해자가 시점 t 이후에 수행하는 일상적 활동 대부분이 바로 이 범주에 포함된다. 식사를 하고, 친구를 만나고, 수면을 취하는 등과 같은 수많은 그의 활동을 이해하고 설명하는 데 그가 상해죄의 피해자인지 여부는 상관없는 사항이다. 그런 점에서 그 활동들은 A의 피해자다운 행위가 아니지만 그렇다고 가짜피해자다운 행위도 아니다. 피해중립적 행위라는 말이다.

이와 동일한 논점을 강간죄에 대해서도 제시할 수 있다. 강간죄의 피해자가 시점 t 이후에 수행하는 대부분의 일상적 활동, 가령 식사를 하고, 친구를 만나고, 회사에 출근하고, 수면을 취하는 등의 활동은 (예외적인 상황이 아닌 이상) 그가 강간죄의 피해자인지와 무관하게 이해되거나 설명될 수 있는 행위이다. 그런 점에서 그들은 강간죄에 대하여 피해중립적 행위이다.

지금까지 (V)에 따라서 A의 행위가 피해자답지 않은 것으로 판정되는 경우를 두 유형으로, 즉 가짜피해자다운 유형과 피해중립적 유형으로 구분했는데 그 구분의 필요성은 자명하다. 만약 자신이 범죄 C의 피해자라고 진술하는 고소인이 C에 대하여 가짜피해자다운 모습을 보인다면 그것은 그 고소인의 진술의 신빙성을 심각하게 훼손할 것이다. 그는 그가 범죄 C의 피해자가 아니라는 가정하에서 더 잘 설명되고 더 잘 납득될 수 있는 행위를 수행하였고, 그것은 자신이 범죄 C의 피해자라는 그의 진술에 불리하게 작용할 것이 분명하다.

한편 그 고소인이 피해중립적 모습을 보였다면 그것은 자신이 C의 피해자라는 고소인 진술의 신빙성을 훼손하지 **않는다**. 단지 고소인이 시점 t 이후에 피해자다운 모습을 보이지 않았다는 이유만으로 그 고소인의 진술의 신빙성을 일방적으로 기각하기는 어렵다는 것이다. 이처럼 가짜피해자다운 행위와 피해중립적 행위 모두 피해자답지 못한 행위에 해당하지만 전자는 고소인 진술의 신빙성에 후자와 비교할 수 없을 정도로 큰 악영향을 미친다. 이것이 피해자답지 않은 행위를 가짜피해자다운 행위와 피해중립적 행위로 세분해야 하는 이유이다.

이상의 논의에 비추어 우리는 고소인 A의 행위를 크게 세 가지 범주로 구분할 수 있다. 피해자다운 행위, 가짜피해자다운 행위, 그리고 피해중립적 행위. 이 세 가지 행위 범주와 관련하여 자신이 범죄 C의 피해자라고 진술하는 고소인 A가 시점 t 이후에 보일 수 있는 행적은 다양하다. 가장 먼저 A가 시점 t 이후에 어떠한 피해자다운 모습도 어떠한 가짜피해자다운 모습도 보이지 않고 오직 피해중립적 모습만 보일 수 있다. 이 경우 피해자다움은 고소인 진술의 신빙성에 대한 유용한 판단 근거를 제공하지 못한다. 고소인 진술의 신빙성은 고소인의 피해자다움이 아닌 어떤 다른 근거에 따라 평가되어야 할 것이다. 한편 A가 시점 t 이후에 피해자다운 모습은 보이지만 가짜피해자다운 모습은 일절 보이지 않는 경우가 가능하다. 그 경우 피해자다움은 고소인에게 유리하게 작용할 것이다. 다음으로 A가 시점 t 이후에 가짜피해자다운 모습만 보일 뿐 피해자다운 모습은 일절 보이지 않는 경우가 가능하다. 이 경우 피해자다움은 고소인에게 불리하게 작용할 것이다. 마지막으로 A가 시점 t 이후에 피해자다운 모습을 보일 뿐 아니라 가짜피해자다운 모습도 동시에 보이는 경우가 가능하다. 고소인 진술의 신빙성에 대한 판단이 가장 어려운 경우가 이에 해당한다.

지금까지 피해자다움에 대한 분석을 제시하였는데 가해자의 가해자다움에 대해서도 유사한 분석을 제시할 수 있다.

O. 시점 t 이후 B의 행위 S는 범죄 C에 대하여 가해자답다 iff [B가 C의 가해자이다]라는 가설하에서 B의 행위 S는 [B가 C의 가해자가 아니다]라는 가설하에서보다 더 잘 설명되고 이해된다.

FO. 시점 t 이후 B의 행위 S는 범죄 C에 대하여 가짜가해자답다 iff [B가 C의 가해자가 아니다]라는 가설하에서 B의 행위 S는 [B가 C의 가해자이다]라는 가설하에서보다 더 잘 설명되고 이해된다.

행위자 B가 시점 t에 범죄 C를 범한 것으로 고소되었다고 가정하자. 시점 t 이후 B의 행위가 (O)가 정의한 의미에서 가해자다울 수도 있고, (FO)가 정의한 의미에서 가짜 가해자다울 수도 있다. 혹은 (O)와 (FO) 둘 모두를 동시에 충족하지 않을 수도 있다. 그 둘 모두를 충족하지 않을 때 B의 행위는 가해자답지도 않고 가짜 가해자답지도 않은 것이 된다. 이런 경우 B의 행위를 '가해중립적 행위'라고 부르자.

예를 들어 사기죄로 고소된 어느 피고인이 시점 t 직후에 급하게 해외 도주 계획을 세웠다고 가정하자. 그 경우 (적절한 부가적 가정하에서) 피고인의 해외 도주 계획 수립은 (O)에 의하여 가해자다운 행위로 판단될 수 있다. 왜냐하면 그 피고인이 사기죄의 가해자라고 가정하지 않을 때보다 그가 사기죄의 가해자라고 가정할 때 그의 도주 계획 수립이 훨씬 더 잘 이해되고 설명되기 때문이다. 만약 그 피고인이 법정에서 자신의 사기 범죄를 부인한다면 해당 사건의 검사는 '사기 범죄를 저지르지 않았다는 당신의 말이 옳다면 왜 해외 도주 계획을 세웠냐'고 정당하게 추궁할 수 있고, 이에 대하여 그가 설득력 있는 답변을 제시하지 못하는 한 그의 진술 신빙성은 심각하게 훼손될 것이라고 예상할 수 있다.

반면 사기죄로 고소된 피고인이 시점 t 직후에 자신의 소재지와 연락처를 거짓 없이 고소인에게 알려 주었다면 (적절한 부가적 가정하에서) 피고인의 그 행위는 (FO)에 의하여 가짜가해자다운 행위로 간주될 수 있다. 그 피고인은 법정에서 '만약 내가 진정으로 사기 칠 의도가 있었다면 내가 미친 사람이 아닌 이상 나의 소재지와 연락처를 거짓 없이 고소인에게 알려 줄 이유가 없지 않느냐'고 항변할 수 있고, 그 항변은 상당한 호소력을 지닐 것이다.

범죄 C의 피고인 B가 시점 t 이후에 가짜가해자다운 모습을 전혀 보이지 않고 오직 가해자다운 모습만을 보인 경우, 그의 모습은 그가 C의 가해자라는 진술의 신빙성에 긍정적인 영향을 미친다. 반면 B가 시점 t 이후에 가해자다운 모습을 전혀 보이지 않고 오직 가짜가해자다운 모습만을 보인 경우, 그의 모습은 그가 C의 가해자라는 진술의 신빙성에 부정적인 영향을 미친다. 지금까지 시점 t 이후 피고인 B의 행위가 가해자다운/가짜가해자다운/가해중립적인지와 관련하여 두 가지 경우를 살펴보았다. 이 두 가지 경우 이외의 기타 경우에 대해서도 논의를 이어 갈 수 있겠지만, 여기서 자세한 논의는 생략하기로 하자.

피해자다움과 조건부 확률

이번 장을 마치기 전에 마지막으로 제시할 논점이 있는데, 그것은 피해자다움을 행위 설명이 아닌 고소인의 진술과 고소인의 행위 사이의 조건부 확률conditional probability을 통하여 분석할 수 있는 것 아니냐는 의문에 대하여 간단히 답변하는 것이다.

앞서 살펴본 바와 같이 (V)는 피해자다움을 행위 설명을 통하여 분석한다. 이에 대하여 누군가 '피해자다움을 행위 설명이 아닌 확률 관계를 통하여 분석해야 되는 것 아니냐'는 의문을 제기할 수 있다. 행위 S가 범죄 C에 대하여 피해자답다는 것을 다음의 확률 관계를 통하여 분석하자는 제안이다: P(S/A가 C의 피해자이다) >P(S/A가 C의 피해자가 아니다). 여기서 'P(S/A가 C의 피해자이다)'는 A가 C의 피해자라는 조건하에서 S가 발생할 조건부 확률을 뜻하고, 'P(S/A가 C의 피해자가 아니다)'는 A가 C의 피해자가 아니라는 조건하에서 S가 발생할 조건부 확률을 뜻한다. 풀어서 말하자면, [A가 C의 피해자이다]라는 가설이 참이라는 조건하에서 S의 조건부 확률이 [A가 C의 피해자가 아니다]라는 가설이 참이라는 조건하에서 S의 조건부 확률보다 더 클 때 S는 C에 대하여 피해자답다는 제안이다. 유사하게 S가 C에 대하여 가짜피해자답다는 것 역시 다음의 확률 관계를 통해 분석될 것이다.

P(S/A가 C의 피해자가 아니다) >P(S/A가 C의 피해자이다)

피해자다움과 가짜피해자다움에 대한 이런 확률적 접근은 법적 추론에 논리적 엄밀성을 부여하려는 기획하에서 일부 법이론가들이 적극적으로 옹호하고 있는 베이즈주의의 관점에 부합한다. 그러나 나는 이러한 확률적 접근을 거부하는데, 그것은 확률 관계가 우리가 상식적으로 이해하는 피해자다움과 가짜피해자다움을 포착할 수 있는지에 대하여 근본적인 의구심을 지니기 때문이다.

강간 피해자 A가 시점 t 이후에 회사에 출근하며 적어도 외형상으로는 지극히 평범한 일상을 보냈다고 가정해 보자. 이때 다음과 같은 확률 관계가 성립한다: P(A는 지극히 평범한 일상을 보낸다/A가 강간의 피해자이다)≪P(A는 지극히 평범한 일상을 보낸다/A가 강간의 피해자가 아니다). 즉 A가 강간의 피해자라는 가정하에서보다 A가 강간의 피해자가 아니라는 가정하에서 A가 지극히 평범한 일상을 보낼 확률이 **훨씬** 높다. 이는 피해자다움과 가짜피해자다움을 확률 관계를 통하여 분석할 때 강간의 피해자인 A가 지극히 평범한 일상을 보내는 행위가 가짜피해자다운 행위로 판정된다는 것을 뜻하는데, 이는 매우 비상식적인 것이다.

이런 이유에서 나는 피해자다움이나 가짜피해자다움을 단순히 행위와 고소인 진술 사이의 확률 관계를 통하여 분석하는 것은 가능하지 않다고 본다. 그에 대한 올바른 분석은 그러한 확률 관계가 아니라 A가 강간의 피해자라는 가정하에서 그의 행위가 얼마나 용이하게 설명되고, 이해되고, 납득될 수 있는지를 통해서 제시되어야 한다. (V)와 (FV)는 바로 그러한 통찰을 포착하려는 시도로 간주될 수 있다.

제3장
행위 설명의 논리

이해의 공동체

앞에서 나는 피해자다움 개념이나 그 동종 개념을 분석하면서 '~라는 가설하에서 A의 행위가 …라는 가설하에서보다 더 잘 설명되고 이해된다'는 표현을 도입하였다. 이러한 분석이 이론적 완결성을 갖기 위해서는 어떤 행위가 더 잘 설명되고 더 잘 이해된다는 것이 무엇인지에 대한 분석이 함께 제시되어야 할 것이다. 이를 위하여 이번 장과 다음 장에서 나는 우리가 어떤 행위를 설명하고 이해한다는 것이 무엇인가라는, 인간 행위에 대한 오래된 철학적 질문에 천착할 것이다. A가 상해죄의 피해자라는 가정하에서 고통을 호소하며 병원을 찾는 A의 행위가 설명되고 이해된다고 말할 때, 그때 '설명된다'나 '이해된다'는 표현은 정확히 무엇을 뜻할까?

잘 알려져 있듯이 인간은 매우 근본적인 의미에서 '사회적' 동물이다. 우리가 타인들과 함께 사회를 구성하고 살아간다는 것, 그것은 우리가 그들과 끊임없이 서로 상호작용한다는 것, 그들과 지속적으로 협력하고 조율한다는 것을 의미한다. 이러한 인간들 사이의 상호작용이 단순히 물리적인 상호작용을 넘어서 인간들 사이의 협력과 조율cooperation and coordination을 산출하는 **사회적** 상호작용이 되기 위해서는 우리는 타인과 '이해의 공동체'를 형성해야 할 필요가 있다. 공동체의 구성원들이 서로서로를 설명하고 이해하고 납득할 수 있는 공동체를 말이다.

횡단보도의 신호등이 빨간색에서 녹색으로 바뀌면 자동차들은 멈추고 보행자들은 횡단보도를 걷기 시작한다. 그 장면을 관찰하는 나에게 자동차 운전자나 보행자의 행위는 그저 임의로운 사물들의 움직임이 아니다. 그것들은 모두 어떤 이유에 의해서, 목적에 의해서, 믿음에 의해서 합리화될 수 있는 **행위자의 의미 있는 행위**이다. 그렇게 그들의 행위를 의미 있는 것으로 이해하고 설명할 수 있기에 나는 그들과 때론 협력하고 때론 경쟁하며 이른바 하나의 이해의 공동체를 형성할 수 있는 것이다.

이 마지막 말의 의미를 좀 더 곱씹어 보자. 서로 안면이 없는 철수와 영희가 지하철에서 옆자리에 앉는 상황을 상상해 보자. 영희의 옆에 마침 빈자리가 생겼고 그 자리를 철수가 앉는다. 두 사람이 신문을 읽거나 스마트폰을 보며 무료함을 달래는 사이 지하철은 그들의 목적지를 향해 달린다. 우리에게 지극히 일상적인 풍경이 아닐 수 없다. 이때 갑자기 철수가 개 짖는 소리를 크게 그리고 반복적으로 내면 어떤 일이 벌어질까? 영희는 깜짝 놀라 철수를 쳐다볼 것이다. 영희는 혹시나 철수가 방송 촬영 때문에 개 짖는 소리를 낼지도 모른다는 생각에 주위를 두리번거릴지도 모른다. 그런데 유심히 살펴보니 정말로 철수 주위에 방송 장비가 설치되어 있고 철수는 개그맨으로 잘 알려진 인물이다. 그 경우 영희를 놀라게 했던 철수의 행위는 더 이상 놀라운 행위가 아닌 것이 된다. 영희에게 그 행위가 설명되고 이해되기 때문이다. 철수의 개 짖는 소리는 그저 색다른 경험일 뿐 전혀 놀랄 일이 아닌 것이다.

만약 영희가 아무리 유심히 살펴봐도 철수가 크게 개 짖는 소리를 낼 이유가 무엇인지 전혀 발견하지 못한다면 어떻게 될까? 아마도 영희는 불안해할 것이다. 마치 철수만큼 덩치가 큰 진짜 개가 자신의 옆자리를 차지하고 있을 때와 같은 불안감을 느낄 것이다. 그리고 철수에게서 멀어지기 위하여 얼른 그 자리를 떠나려고 시도할 것이다. 그렇다면 영희는 왜 철수에게서 멀어지려고 할까? 무엇보다 철수의 행위가 영희에게 설명되고 이해되지 않기 때문이다. 그렇게 이해나 설명이 불가능하니 그의 행위를 예측하는 것 역시 불가능한 것이다. 그와 사회적으로 상호작용하는 것, 다시 말해 그와 서로 협력하고 조율하는 것이 불가능함을 뜻한다.

여기서 우리가 잊지 말아야 할 점은 두 사람이 지하철의 옆자리를 이용하는 것과 같은 지극히 단순한 사건도 그 둘 사이에 상당한 수준의 협력과 조율이 동반된다는 사실이다. 우리가 의식적으로 인식하지는 않지만 지하철에는 다양한 종류의 에티켓(예컨대 '서로 상대방에게 신체적 해악을 끼치지 않는다', '고성으로 상대방을 불편하게 만들지 않는다', '상대방의 좌석을 침해하지 않는다' 등)이 존재하고 그 에티켓은 지하철 승객들 사이의 협력과 조율 없이는 유지될 수 없기 때문이다. 에티켓이 유지되기 위해서는 지하철 승객들이 서로 서로를 이해 가능하고 납득 가능한 존재로 인식해야 한다는 것을 뜻한다. 영희는 개 짖는 소리를 내는 철수의 행위가 설명되거나 납득되지 않았고, 그로부터 철수가 이해 가능하고 납득 가능한 존재가 아니라는 것을 추론하며 철수를 멀리했던 것이다. 철수와는 지하철의 에티켓을 유지하는 방식으로 협력하고 조율할 수 없다고 판단했다는 말이다.

이처럼 인간들 사이의 지극히 소소한 상호작용조차도 서로의 행위에 대한 설명과 이해가 필수적으로 요구된다. 인간이 아주 근본적인 의미에서 사회적 동물이고, 인간 사회는 단순히 물리적 공동체가 아니라 **고도의 협력과 조율이 가능한 이해의 공동체**를 형성한다는 말이 뜻하는 바이다. 인간의 행위를 이해한다는 것, 설명한다는 것, 납득한다는 것의 정체가 정확히 무엇인가라는 질문이 인간에 대한 철학적 탐구에서 하나의 근본적인 주제로 부상한 데는 이러한 이론적 배경이 자리한다. 특히 인간 행위에 대한 설명을 추구하는 심리학, 역사학, 사회학, 정치학과 같은 인간과학human sciences

의 이론적 토대, 그리고 인간과학과 자연과학 사이의 과학철학적 관계에[18] 대하여 관심을 갖는 사상가에게 그것은 그야말로 그들의 철학적 사상 전체의 윤곽을 결정짓는 가장 중심적인 질문이라고 해도 과언이 아니다.

인간 행위의 설명적 이해에 관한 두 가지 철학 전통

인간의 행위에 대한 설명적 이해가 어떻게 달성될 수 있는가라는 질문과 관련해서 두 가지 유력한 철학적 전통이 존재한다. 그 하나는 20세기 과학철학계에 지대한 영향을 미친 독일 출신의 철학자 카를 헴펠Carl Hempel의 포괄법칙적 설명 모형the covering-law model of action explanations으로 대표된다.

심각한 상해를 당한 피해자 A가 고통을 호소하며 병원을 찾는 상황을 상상해 보자. 이때 헴펠은《과학적 설명의 여러 측면Aspects of Scientific Explanation》에서 A가 심각한 상해의 피해자라는 사실이 고통을 호소하며 병원을 찾는 A의 행위에 대한 설명을 제공하는 것은 그 사실이 다음의 포괄법칙적 설명 모형의 요건을 충족하기 때문이라고 말한다.[5]

---

18 이 주제에 대한 최근 국내외의 연구 동향에 대해서는 이기홍(2016)을 참고.

[도식 H]

(1) 행위자 A는 유형 F의 상황에 있었다. (설명항)

(2) 유형 F의 상황에 처해 있는 행위자들은 X를 한다.

(3) 따라서 A는 X를 했다. (피설명항)

여기서 '유형 F의 상황'은 행위자 A가 심각한 상해의 피해자인 상황을 뜻하고, '행위 X'는 A가 고통을 호소하며 병원을 찾는 행위를 뜻한다. 헴펠에 따르면 위의 도식에서 전제 (2)는 다음과 같은 형태를 띠는 상식심리학적 경험법칙folk-psychological laws이다. "적절한 단서조항ceteris paribus clause이 충족되는 상황에서 심각한 상해의 피해자들은 모두 고통을 호소하며 병원을 찾는다." 전제 (1)로부터 결론 (3)으로의 추론이 전제 (2)에 의하여 법칙적으로 보증되는 한 A가 유형 F의 상황에 있었다는 사실은 그가 왜 X를 수행하는지에 대한 설명을 제공한다.

이처럼 헴펠이 행위 설명에서 설명항과 피설명항 사이의 법칙적 관계를 통하여 그들 사이의 설명적 관계를 포착하려고 했다면, 미국의 철학자 도널드 데이빗슨Donald Davidson은 설명항과 피설명항 사이의 인과관계를 통하여 설명적 관계를 포착하려고 시도하였다. 데이빗슨에 따르면 A가 상해의 피해자라는 사실이 그가 고통을 호소하며 병원으로 향하는 행위를 설명하는 것은 전자가 후자의 인과적 원인cause이기 때문이다. 행위자 A가 상해죄의 피해자라는 사실은 그가 왜 병원을 찾았는지를 설명하는데, 데이빗슨에 따르면 그것은 A가 상해죄의 피해자라는 사실이 병원을 찾는 그의 행위를 인과적으로 야기했기 때문이다. 이러한 데이빗슨의 견해에서 행위를 설명하는 것은 그 행위의 원인을 제시하는 것이다.

이러한 데이빗슨의 행위 설명 모형은 헴펠의 행위 설명 모형과 모종의 개념적 근친성을 갖는다. 데이비드 흄David Hume 이래로 인과causation에 대한 표준적 접근으로 간주되는 전통,[19] 즉 모든 인과의 사례는 법칙을 예화한다고 보는 전통에서 일견 행위 설명에서 설명항과 피설명항 사이의 설명적 관계가 그 둘 사이의 인과적 관계에서 비롯한다고 보는 데이빗슨의 견해와 그 둘 사이의 설명적 관계가 그 둘 사이의 법칙적 관계에서 비롯한다고 보는 헴펠의 견해 사이에 상당한 근친성이 있어 보이기 때문이다.[20]

지금까지 행위 설명에 대한 한 유력한 견해인 헴펠과 데이빗슨 견해를 살펴보았는데, 이 지점에서 한 가지 반드시 명심해야 할 사항은 그들의 견해에서 인간의 행위에 대한 설명은 자연과학에서 통용되는 자연 현상에 대한 설명과 별반 다르지 않다는 사실이다. 실제로 헴펠은 〈설명의 논리에 대한 연구Studies in the Logic of Explanation〉에서 자신의 포괄법칙적 설명 모형을 자연 현상에 대한 과학적 설

---

19 데이빗슨(1970, pp. 208-209)은 모든 인과의 사례는 법칙을 예화한다는 이 원칙을 '인과의 법칙적 성격(nomological character of causation)'이라고 명명한다. 그리고 이 원칙은 데이빗슨의 유명한 무법칙적 일원론(anomalous monism)을 산출하는 전제 중의 하나로 활용된다.

20 헴펠의 견해와 데이빗슨의 견해 사이의 정확한 상관관계에 대해서는 Davidson (1976)을 참고.

명에 대한 모형으로 먼저 제안하였고, 그것을 인간 행위에 대한 설명으로 확장하려고 시도하였다.[6] 이를테면 사과가 떨어지는 현상을 지구의 중력과 만유인력의 법칙을 통하여 설명하는 것과 마찬가지로, 행위자의 행위 역시 그 행위자의 심리 상태와 상식심리학적 법칙을 통하여 설명할 수 있다는 것이다. 이런 헴펠과 데이빗슨의 관점에서 물리학이나 화학과 같은 자연과학에서 이루어지는 설명은 심리학, 역사학, 정치학과 같은 인문사회과학에서 이루어지는 설명과 그 본질적인 구조에서 다르지 않다. 그 둘 모두 설명항과 피설명항 사이의 설명적 관계는 그들 사이의 법칙인과적인 상관관계에 근거한다.

이화여대 김선희 교수는 〈행위자의 주관과 객관의 이중성은 어떻게 양립가능한가?〉라는 논문에서 헴펠과 데이빗슨의 행위 설명 모형이 심사숙고와 의사결정의 주체로서 행위자의 주관적 관점을 제거한다는 점을 강조하는데,[7] 나 역시 그에 전적으로 동의한다. 헴펠의 도식 〈H〉에 따라서 나의 행위 X가 설명될 때 나는 어떤 모종의 상식심리학적 법칙을 따르는 대상일 뿐이다. 그러한 설명에서 X를 수행할지 말지에 대하여 고민하고 숙고하다 최종적으로 X를 결정하는 나의 주관적 관점은 철저히 배제되는 것이다. 이는 데이빗슨의 행위 설명 모형에서도 마찬가지이다. 이러한 관찰에서 김선희는 헴펠과 데이빗슨의 행위 설명 모형에서 '행위주체인 나의 주관적 관점이 사실상 제거된다'고 평가한다.

김선희 교수의 이러한 관찰은 중요한데, 그것은 헴펠과 데이빗슨의 행위 설명 모형이 제거한 행위자의 주관적 관점이 그 모형의 가장 강력한 경쟁자에 의해 행위 설명의 원천으로 화려하게 부활하기 때문이다. 바로 로빈 콜링우드Robin Collingwood와 윌리엄 드레이William Dray 등에 의해서 정식화되고, 이후 김재권Jaegwon Kim 등에 의해서 계승 발전된 심적 시뮬레이션 모형the mental simulation model of action explanations 말이다. 헴펠과 직접 논쟁을 벌인 드레이의 행위 설명 이론을 자세히 살펴보자.

윌리엄 드레이의 행위 설명 이론

드레이는 그의 저서《역사에서의 법칙과 설명Laws and Explanation in History》에서 행위 설명에 대한 헴펠·데이빗슨의 모형에 정면으로 반기를 드는데, 거기서 그는 행위를 설명한다는 것은 그 행위가 어떤 상식심리학적 법칙(혹시라도 그런 법칙이 존재한다면)하에 포섭된다는 것을 보이는 것이 아니라고 강조한다. 헴펠과 데이빗슨의 법칙인과적 모형이 틀렸다는 것이다. 드레이에 따르면 어떤 행위를 설명한다는 것은 그 행위가 어떤 법칙에 의해 포섭된다는 것을 보이는 것이 아니라 그 행위가 행위자의 주관적 관점에서 합리화된다rationalize는 것 혹은 적절하다appropriate는 것을 보이는 것이다.

이런 관점에서 드레이는 행위 설명에는 행위에 대한 평가appraisal

의 요소가 필요 불가결하게 포함된다고 간주한다.[8] "우리가 행위
에 대한 설명을 요구할 때 우리가 알기 원하는 것은 어떤 의미에서
그 행위가 적절했는지이다. 일상적인 상황에서 설명에 대한 요구
는 동시에 그 행위에 대한 정당화나 변명을 제시하도록 하는 요구
로도 흔히 여겨진다."[21]

이러한 드레이의 행위 설명 모형과 헴펠과 데이빗슨 모형의 차
이는 김선희에 의해서 매우 적확하게 표현되었는데,[9] 나의 용어를
사용하여 김선희의 아이디어를 적어 보면 다음과 같다. "헴펠과
데이빗슨 모형에서 행위주체의 관점은 예측자의 관점으로 환원됨
으로써, 행위자의 주관적 관점이 파괴되거나 제거된다. 반면에 드
레이의 모형은 행위자의 관점에서 자신의 행위를 이해하면서 합
리화/정당화하는 모델이다. 자신의 행위를 이해하기 위해서는 욕
구-믿음의 이유와 의도적 행위의 내용들 사이의 합리적 의미연관
성을 이해하는 행위주체의 주관적 관점을 전제해야 한다." 드레이

21 데이빗슨(1963, p. 3)은 그의 고전적 논문 〈행위, 이유, 원인Actions, Reas
ons, and Causes〉을 다음 문장으로 시작한다. "어떤 이유가 행위자의 행위에
대한 이유를 제공함으로써 그 행위를 설명할 때 이유와 행위 사이에는 어떤 관계
가 성립하는가? 우리는 그 설명을 합리화(rationalization)라고 부를 수 있고,
이유는 행위를 합리화한다고 말할 수 있을 것이다." 이처럼 데이빗슨은 행위 설명
에서 설명항과 피설명항 사이의 합리화 관계를 강조하면서 그의 논문을 시작하는
데, 이 통찰은 심적 개념의 규범적 성격을 강조하는 그의 심리철학에 비추어 전혀
놀랍다고 볼 수 없다. 그런데 그 논문에서 진정 놀라운 것은 정작 데이빗슨이 그의
행위 설명 이론을 본격적으로 발전시키는 논문의 후반부에서 이러한 통찰이 완전
히 배제되고 있다는 사실이다. 논문의 후반부에서 그는 행위 설명에서 설명항과
피설명항 사이의 관계를 인과적 관계를 통하여 포착하며 설명항이 피설명항을 합
리화한다는 최초의 통찰에 별다른 관심을 주지 않는다. 이 논점은 Kim(2010b,
p. 125)이나 원치욱(2017, p. 214)도 지적하였다.

의 모형은 심사숙고하고 의사결정하는 행위자의 주관적 관점을 전제하는 반면 헴펠과 데이빗슨의 모형은 그런 관점을 제거하고 객관적, 삼인칭적, 관찰자적 관점만을 전제한다는 것이다.

이러한 두 모형의 차이를 포착하는 또 다른 방법은, 각 모형하에서 행위 설명과 자연과학적 설명의 관계를 비교해 보는 것이다. 전술한 바와 같이 헴펠이나 데이빗슨은 자연 현상에 대한 과학적 설명의 연장선상에서 인간의 행위 설명을 분석하였다. 한편 드레이의 견해에서 자연 현상에 대한 과학적 설명과 인간의 행위에 대한 설명은 근본적으로 상이한 메커니즘을 통해서 성취된다.

드레이에 따르면 행위자의 행위에 대한 설명은 근본적으로 그 행위자의 주관적 관점에서 그 행위가 합리화된다는 것을, 적절하다는 것을 파악하는 어떤 평가적 과정을 통하여 성취된다. 그러나 자연 현상에 대한 과학적 설명에서 이러한 평가적 과정은 존재하지 않는다. 중력에 의해 사과가 떨어지는 현상을 설명하기 위하여 우리는 사과의 낙하가 합리화된다거나 적절하다고 평가하지 않는다. 이런 점에서 드레이의 행위 설명 모형에서 인간의 행위를 설명하는 과업은 자연 현상을 과학적으로 설명하는 과업과는 근본적으로 구분되는 인식적 기획이다.

이러한 드레이의 행위 설명 모형에 대하여 제기되는 한 가지 중요한 질문은 행위자의 행위를 설명하는 맥락에서 그 행위가 합리화된다는 것, 적절하다는 것이 정확히 무엇인가라는 질문이다. 이 질문에 대하여 드레이는 콜링우드의 역사 철학에 영향을 받아 행위자에 대한 공감empathy 혹은 행위자의 사유에 대한 재연reenact-ment이라는 개념을 통하여 답변한다.[10]

어떤 행위가 적절하다고 말하려면 무엇보다도 먼저 누구의 관점에서 적절한지를 명시해야 한다. 그런데 행위 설명의 맥락에서는 서로 다른 두 개의 관점이 존재한다는 점을 잊지 말아야 한다. 하나는 행위를 수행하는 행위자 자신의 주관적 관점이고, 다른 하나는 그 행위를 설명하고 이해하고자 하는 설명자의 객관적 관점이다.

이때 중요한 질문은 행위를 설명하는 것은 그것의 적절성을 파악하는 것이라는 드레이의 견해에서 적절성이 행위자의 주관적 관점에서의 적절성인지 아니면 설명자의 객관적 관점에서의 적절성인지이다. 이 지점에서 드레이는 행위자의 주관적 관점과 설명자의 객관적 관점이 일치하고 그 일치된 관점에서 문제의 행위가 적절성을 확보할 때 그때 비로소 행위자의 행위는 설명자에게 적절한 것으로 이해된다고 본다. 그리고 이를 성취하기 위해서 설명자는 자기 자신을 행위자의 입장에 두는 공감적 일체화empathetic identification를 시도해야 한다고 드레이는 제안한다.[11] 설명자가 상상 속에서 행위자의 입장 속으로 자기 자신을 투사projection하고 그를 통하여 행위자의 경험을 '재경험화re-experiencing'하는 과정을 통하여 행위자의 행위에 대한 설명적 이해를 성취한다는 것이다.

김재권 그리고 심적 시뮬레이션

행위 설명에 대한 이러한 드레이의 통찰은 이후 김재권에 의하여 한층 정교하게 정식화되는데,[12] 그에 따르면 설명자의 관점에서 어떤 행위자의 행위를 설명하는 과업은 두 가지의 개념적인 단계를 통하여 이론화될 수 있다. 그 첫 번째 단계는 행위에 대한 행위자 자신의 자기이해self-understanding이다. 상해죄의 피해자가 병원을 찾는 상황을 다시 상상해 보자. 그때 그 피해자가 병원을 찾는 자신의 행위를 스스로에게 어떻게 설명하는지 생각해 보기로 하자. 그 피해자가 '내가 왜 병원을 찾아야 하지'라고 자문하는 상황을 고려해 보자는 말이다. 분명 그 피해자는 자신의 행위에 대한 실천추론practical reasoning을 자신의 의식에 떠올리며 자신의 행위를 이해 가능하고 납득 가능한 것으로 스스로 파악할 것이다.

좀 더 구체적으로 말해서 상해죄의 피해자가 병원을 찾는 자신의 행위를 스스로 이해하는 것은, 다음과 같은 실천추론을 자신의 내면에서 재구성함으로써 달성된다.

[상해죄 피해자 추론]

P₁. 내 몸은 현재 상해로 인한 상처를 입었다.

P₂. 상처를 치료하지 않으면 이후 나의 삶이 불행해질 수 있다.

P₃. 나는 나의 삶이 불행해지는 것을 원치 않는다.

P$_4$. 병원에 가면 상처를 치료할 수 있다.

C. 따라서 나는 상처를 치료하기 위해 병원을 찾는다.

상해죄의 피해자가 위의 실천추론의 전제 P$_1$-P$_4$를 받아들일 때 결론 C는 그에게 너무도 적절하고 합당한 것으로 여겨진다. 그리고 그러한 적절함과 합당함이 행위 C에 대한 피해자 자신의 자기이해의 원천이라고 보는 것이 김재권의 제안이다. 사실 이 부분에서 김재권의 제안은 너무나 자명한 것으로 보여 혹자는 그것을 굳이 명시적으로 정식화할 필요가 있는지 의심할 수 있을 듯하다.

그런데 김재권의 행위 설명 모형의 핵심적인 통찰은 이상에서 서술한 바와 같은 행위에 대한 행위자 자신의 주관적 자기이해의 메커니즘이 행위에 대한 설명자의 삼인칭적인, 객관적, 관찰자적 이해에서도 그대로 적용된다는 것이다. 행위 설명자의 삼인칭적 행위 설명은 본질적으로 자기이해의 투사라는 것이다.[13] 이 '투사 projection 논제'는 김재권의 행위 설명 모형에서 두 번째 단계를 구성한다. 이 두 번째 단계에서 김재권은 시뮬레이션 개념을 도입하고, 그 시뮬레이션 개념을 통하여 어떻게 투사 논제가 성립할 수 있는지를 밝힌다. 여기서 한 가지 유의해야 할 점은 김재권의 '투사'나 '시뮬레이션'이 어떤 특별한 독심술이나 감정이입과 같은 신비로운 과정이 아니라는 것이다. 김재권은 이렇게 말한다:[14]

투사를 통하여 나는 어떤 논란이 될 만한 것을 뜻하지 않는다; 특히 나는 투사를 다른 사람들이 무엇을 믿고, 욕구하고, 느끼는가를 발견하는 방법으로 제안하지 않는다. …… 유사하게 나는 투사가 자기 자신의 심리적/행동적 패턴을 타인들에게로 확장하는 수단으로 보지도 않는다. 내가 투사를 통해 뜻하는 바는 단순하다: 타인들의 행위를 이해함에 있어서 우리는 그들도 우리와 유사한 행위자라는 것, 즉 그들도 일인칭적인 관점에서 숙고하고 결단하며 계획을 짜고 그리고 그 계획을 하나하나 실행하는 행위자로 간주한다는 것이다.

광주과학기술원GIST 원치욱 교수는 〈행위 설명의 논리 – 김재권에 대한 비판과 대안적 시뮬레이션 접근〉에서 이러한 김재권의 견해를 상세히 논의하며 시뮬레이션 개념을 다음과 같이 요약한다.[15]

(1) 내가 내 자신의 행위를 이해하는 방식은 나를 내 행위로 이끌었던 실천추론을 재구성reconstruction/요약recapitulation하는 것이다.

(2) 내가 내 자신의 행위를 이해하는 방식은 너가 너 자신의 행위를 이해하는 방식과 같을 것이다.

(3) 내가 너의 행위를 이해하는 방식은 너가 너 자신의 행위를 이해하는 방식과 같아야 할 것이다.

(4) 따라서 내가 너의 행위를 이해하는 방식은 너를 너의 행위로 이끌었던 실천추론을 재구성/요약하는 것이다.

여기서 제시되는 김재권의 아이디어는 매우 직관적이다. 나의 행위 X에 대한 나 자신의 설명적 이해가 나의 실천추론을 재구성/요약함으로써 X의 적절성을 파악하는 것에서 말미암는다면, 당신의 행위 Y에 대한 나의 설명적 이해 역시 유사한 과정, 즉, 당신의 실천추론을 재구성/요약함으로써 Y의 적절성을 파악하는 것에서 말미암는다는 것이다.

그렇다면 이 지점에서 긴급하게 제기되는 질문은 어떤 행위 X의 당사자가 아닌 제삼자가 그 행위에 대한 실천추론을 재구성/요약한다는 것이 도대체 무엇인가라는 질문이다. 앞서 나는 행위의 당사자가 X에 대한 실천추론을 재구성/요약하는 것은 그 실천추론의 전제를 의식에 떠올리고, 아울러 그 전제로부터 실천추론의 결론의 적절성, 즉 X의 적절성을 파악하는 절차를 통해 이루어진다고 말한 바 있다. 문제는 어떻게 제삼자가 이러한 절차를 실행할 수 있느냐는 것이다. 여기서 김재권은 심적 시뮬레이션 개념을 도입하며 내가 어떤 행위자의 행위 X에 대한 설명적 이해를 달성할 수 있는 것은 내가 X에 대한 그 행위자의 실천추론을 시뮬레이션하기 때문이라고 제안한다. 여기서 시뮬레이션이란 만약 내가 그 행위자의 입장이었다면 나에게 어떤 행위가 적절했을지 상상하는 심적 과정이다.

김재권의 수렴 논제

　　　　　이러한 심적 시뮬레이션은 언제나 성공이 보장되는 과업이 아니다. 내가 행위자의 행위에 대한 심적 시뮬레이션을 시도하지만 그 시뮬레이션이 실패하고, 그에 따라서 그 행위자의 행위에 대한 이해에 도달하지 못하는 것이 얼마든지 가능하다. 그렇다면 심적 시뮬레이션의 성공 조건은 무엇인가? 바로 이 지점에서 김재권은 수렴 조건을 제시한다.[16]

> 여기서 핵심적인 논점은 이렇다. 본 논문의 접근에 의하면, 내가 메리의 행위를 이해하는 데 성공하기 위해서는 주어진 상황에서 무엇이 적절한 행위였는지에 관해 메리가 도달한 곳에, 혹은 거의 그 지점에, 나도 도달해야 한다. 즉, 메리가 한 행동에 대한 삼인칭적 이해를 달성하려면 내 실천추론의 결론이 메리의 그것과 반드시 일치해야 한다. 이러한 이해는 내가 제삼자라는 의미에서 삼인칭적이다. 그러나 나의 이해는 메리의 일인칭적 실천추론에 대한 나의 시뮬레이션 혹은 재연 re-enactment으로부터 나온다. 나의 시뮬레이션 추론의 결과가 메리의 결과와 반드시 같아야 한다는 조건 — 이러한 조건은 '수렴 조건 convergence condition'이라 불릴 수 있을 것 — 은 실질적인 요건이며, 그것의 만족이 선험적으로 보장되지 않는다.

이 인용문에서 김재권이 제시하는 수렴 조건은 내가 어떤 행위자의 일인칭적 실천추론을 시뮬레이션한 결과가 그 행위자의 실천추론의 결과와 동일할 때 나의 시뮬레이션은 성공적이라고 말할 수 있고, 그때 비로소 나는 그 행위자의 행위가 적절하고 합당한 행위라는 판단에 도달하게 되고, 그때 나는 왜 그 행위자가 그러한 행위를 수행했는지에 대한 설명적 이해를 달성하게 된다는 것이다. 원치욱의 표현을 빌리면, "수렴 조건이란, 간단히 말해서, 내가 행위자의 입장이었더라도 똑같이 행동했을 것이라는 시뮬레이션이 가능해야 그 행위에 대한 설명이 이루어진다는 것이다." [17]

상해 피해자 A가 상처를 치료하기 위하여 병원을 찾는다고 할때, 그는 위에서 제시한 '상해죄 피해자 추론'을 내면에서 재구성함으로써 병원을 찾는 자신의 행위의 적절성을 파악할 수 있고, 그러한 한에서 A는 자신의 행위에 대한 자기이해를 달성한다.

이때 김재권의 수렴 조건은 A 본인이 아닌 제삼자가 병원을 찾는 A의 행위에 대한 설명적 이해를 달성하는 조건을 제시한다. 가령 내가 병원을 찾는 A의 행위를 이해하기 위해선 나는 먼저 내 자신이 '상해죄 피해자 추론'의 전제들을 참으로 수용하는 반사실적 상황counterfactual situations을 상상하며 '상해죄 피해자 추론'에 대한 시뮬레이션을 시도해야 한다. 그와 같은 반사실적 상황에서 나는 내가 A와 동일한 결론에 도달하는지, 즉 내가 내 상처의 치료를 위해 병원을 찾아야 한다는 결론에 도달하는지를 판단한다. 내가 그러한 결론에 도달하는 경우 A의 '상해죄 피해자 추론'에 대한 나의 시뮬레이션은 성공하게 되고, 그 경우 나는 상처의 치료를 위하여 병원을 찾는 A의 행위가 적절하고 합당한 것으로 파악할 수 있게 되며, 그 결과 나는 왜 A가 병원을 찾았는지에 대한 설명적 이해를 성취하게 된다.

이와 반대로 행위자의 행위에 대한 시뮬레이션에서 실패하는 경우도 쉽게 상상해 볼 수 있다. 엘리베이터와 같이 창문이 없는 밀실에서 극심한 공포를 느끼는 폐쇄공포증 환자 D를 상상해 보자. D가 엘리베이터 안에서 극심한 공포를 느끼며 괴성을 지른다고 할 때, 우리는 그 폐쇄공포증 환자 D가 왜 그렇게 끔찍한 공포를 느끼는지, 왜 그렇게 괴성을 지르는지에 대한 설명적 이해에 도달할 수 있는가? 그렇지 않다. 왜냐하면 우리는 그 폐쇄공포증 환자의 실천추론을 성공적으로 시뮬레이션할 수 없기 때문이다. 설사 우리 자신이 엘리베이터 안에 들어간다고 가정하더라도 엘리베이터를 벗어나고픈 강렬한 욕구를 갖는다고 가정하더라도 극심한 공포를 느낀다거나 괴성을 지르는 것과 같은 행위가 적절하거나 합당한 것으로 여겨지지 않는다. 그처럼 심적 시뮬레이션을 통하여 D의 행위의 적절성을 파악할 수 없는 이상 그 시뮬레이션은 실패하고, 그런 한에서 D의 폐쇄공포증적 행위는 우리가 이해할 수 있는 범위 밖에 놓여 있다.

정리하자면 김재권이 발전시킨 드레이의 이론에서 어떤 행위자 A의 행위 X를 설명한다는 것은 A의 주관적 입장에서 X가 합리화된다는 혹은 적절하다는 평가를 내리는 것이고, 제삼자에게서 그러한 평가는 A가 X를 행하면서 수행했던 실천추론을 성공적으로 시뮬레이션할 때 비로소 가능하다. 여기서 심적 시뮬레이션이 성공한다는 말은 그 제삼자가 A의 실천추론을 시뮬레이션함으로써 A 자신이 자신의 실천추론을 통하여 이끌어 냈던 결론과 동일한 결론을 이끌어 낸다는 것을 뜻한다. 이러한 점에 비추어 김재권이 행위자의 주관적 관점과 설명자의 객관적 관점이 일치하고 그 일치된 관점에서 문제의 행위가 적절성을 확보할 때 그때 비로소 행위자의 행위는 설명자에게 적절한 것으로 이해된다고 보는 드레이의 사상을 온전히 계승한 적자라는 사실에 의문을 달기 힘들다. 편의상 이를 행위 설명에 대한 심적 시뮬레이션 모형이라고 하자.[22]

심적 시뮬레이션 모형에서 인간 행위에 대한 설명이 자연 현상에 대한 과학적 설명과 근본적으로 상이하다는 점은 자명하다. 사과나무에서 사과가 떨어지는 자연 현상을 설명하기 위하여 사과의 실천추론을 시뮬레이션해야 한다고 말하는 것은 넌센스에 가깝기 때문이다.

---

22 행위 설명에 대하여 드레이나 김재권과 유사한 접근을 취하는 학자로는 제인 힐 (Jane Heal 1986; 1998)이나 로버트 고든(Robert Gordon 1986), 앨빈 골드먼(Alvin Goldman 1989, section III) 등이 있다. 심적 시뮬레이션 모형에 대한 개괄적인 해설은 Millar(2004, chap. 8); Stueber(2006, chap. 4-5)를 참고.

법칙인과적 모형과 심적 시뮬레이션 모형의 장단점에 대하여

　　　　　　　　　행위 설명에 대해서 헴펠과 데이빗슨으로 부터 이어져 오는 법칙인과적 모형은 오랫동안 철학자들 사이에서 행위 설명에 대한 표준 모형으로 수용되어 왔다. 실제로 드레이와 김재권의 심적 시뮬레이션 모형은 법칙인과적 모형이라는 기존의 권위orthodox에 저항하던 일군의 철학자가 그러한 저항을 통해 맺은 결실로 간주될 수 있다. 인간 행위의 설명에 대한 법칙인과적 모형과 심적 시뮬레이션 모형의 장단점을 비교하며 그 둘 중에 무엇이 우위에 있는지 판단하는 것은 이 책의 범위를 넘어선다. 다만 그 두 모형이 제각기 나름의 심각한 이론적 어려움을 안고 있다는 점만 아래에서 간단히 지적하자.

　먼저 행위자의 행위를 합리화하는 심리 상태가 둘 이상 존재하는 경우가 얼마든지 가능하고 그 경우 심적 시뮬레이션 모형은 상당한 난관에 부딪친다. 왜 초등학생인 철수는 오늘 아침 등교했을까? 학교에서 수업을 듣기 위해서? 아니면 단짝 친구를 보고 싶어서? 그것도 아니면 학교에 가지 않으면 어머니에게 혼날 것이 두려워서? 그 각각의 이유는 모두 철수의 등교를 정당화하는 혹은 합리화하는 심적 상태에 대응한다. 그럼에도 그들 중에서 오직 철수의 등교를 **인과적으로 야기하는** 심적 상태만이 철수의 등교를 설명할 수 있다고 데이빗슨은 강조한다.[18] 이러한 데이빗슨의 관찰이 심적 시뮬레이션 모형에 심각한 어려움을 제기한다는 것은 자명하다. 왜냐하면 전술한 심리 상태 각각이 심적 시뮬레이션을 통하여 철수의 등교가 갖는 적절성을 전시할 것이기 때문이다.

행위 설명에 대한 심적 시뮬레이션 모형에 따르면 학교의 수업을 듣고 싶은 마음, 단짝 친구를 만나고 싶은 마음, 어머니에게 혼날 것을 피하고 싶은 마음 모두 철수의 등교에 대한 설명항으로 기능할 수 있다. 그러나 전술한 바와 같이 데이빗슨은 철수의 등교에 대한 진정한 설명을 얻기 위해서는 철수의 등교가 실제로 어느 심리 상태에 의해서 인과적으로 야기되었는지 물어야 한다고 강조한다. 문제는 심적 시뮬레이션 모형 자체에는 이러한 데이빗슨의 관찰을 포섭할 수 있는 이론적 자원이 없다는 사실이다.

지금까지 행위 설명에 대한 심적 시뮬레이션 모형이 어떤 비판에 직면하고 있는지에 대하여 간단히 살펴보았는데, 행위 설명에 대한 법칙인과적 이론 역시 중요한 비판에 직면하고 있다. 행위 설명의 맥락에서 그 이론에 대하여 가장 흔히 제기되는 비판은 그 이론이 설명력의 원천으로 간주하는 상식심리학적 법칙이 많은 경우 대단히 추상적이고, 모호하며, 부정확하다는 것, 특히 그것이 수많은 단서 조항ceteris paribus clause을 포함하고 있지만 행위 설명자가 그 단서 조항을 모두 명확히 파악하는 것은 사실상 불가능하다는 관찰에서 비롯한다.

대학생 철수가 어머니의 갑작스러운 부고를 듣고 너무 놀라 손에 들고 있던 물건을 놓치는 상황을 상상해 보자. 어머니의 부고를 듣는 철수의 심리 상태와 자신의 손에든 물건을 놓치는 행위 사이에 어떤 상식심리학적 법칙이 존재하는지 나는 알지 못한다. 그러나 설사 그러한 법칙이 존재한다고 하더라도 그것은 매우 복잡하고, 모호한, 그리고 무수한 단서 조항을 포함하는 형태를 지닐 것이라는 것에 대해서는 이견의 여지가 없다. 대다수의 행위 설명자가 그 법칙의 전모를 파악하는 것이 불가능할 정도로 말이다.[23]

이는 행위 설명에서 그러한 법칙이 설명항에 포함될 것을 요구하는 법칙인과적 모형에서 우리가 어떻게 철수의 행위에 대하여 높은 수준의 설명적 이해를 성취할 수 있는지 미스터리가 된다는 것을 뜻한다. 행위 설명에 대한 심적 시뮬레이션 모형에서는 이런 문제가 발생하지 않는다. 철수의 행위에 대한 설명자로서 우리가 어머니의 갑작스러운 부고를 접한 철수의 심리 상태를 시뮬레이션할 때 자신의 손에든 물건을 놓치는 행위가 지극히 합당하고 자연스럽게 파악될 수 있기 때문이다.

---

23 데이빗슨(1974, p. 233)은 여기서 한 걸음 더 나아가 심적 개념의 규범적 성격에 근거하여 심리법칙의 단서조항이 충족되는지를 미리 결정하는 것이 원리적으로 불가능하다고 말한다. 자비원리(principle of charity)로 대표되는 합리성의 원칙이 지배하는 심적 영역에서 상식심리학적 법칙의 단서조항은 자연과학의 법칙에서 나타나는 단서조항과는 근본적으로 다른 성격을 갖는다는 것이다. 이는 미래의 심리학적 탐구를 통하여 단서조항의 전모를 파악할 가능성조차 봉쇄된다는 것을 뜻한다.

제4장
행위 설명에 대한 법칙인과적 모형과
심적 시뮬레이션 모형의 종합

원치욱의 종합

　　앞에서 나는 행위 설명에 대한 법칙인과적 모형과 심적 시뮬레이션 모형을 소개하였고, 비록 그들 각각은 그 나름의 호소력을 갖지만 그럼에도 모종의 이론적 난관에 직면하고 있다는 것을 확인하였다. 이 지점에서 두 모형을 적절히 결합함으로써 한층 공고한 행위 설명의 모형을 구축할 수 있다는 원치욱의 최근 제안은 경청할 만하다.

　　원치욱에 따르면 비록 행위 설명에 대한 법칙인과적 모형이나 심적 시뮬레이션 모형 모두 어느 정도의 결함은 있지만 그 둘을 다음의 형태로 결합할 때 한층 공고한 행위 설명 모형을 얻을 수 있

다. 행위자의 심리 상태 R은 다음 조건을 충족하는 경우 오직 그 경우에 행위 X를 설명한다:

W$_1$. 참: 행위자는 R을 실제로 가진다.

W$_2$. 합리성: R은 X를 합리화한다.

W$_3$. 인과성: R은 X의 원인이다.

아래에서 자세히 살펴보겠지만 (W$_2$)의 합리성 조건은 심적 시뮬레이션 모형의 통찰을 수용하기 위하여 도입된 반면 (W$_3$)의 인과성 조건은 법칙인과적 모형의 통찰을 수용하기 위하여 도입되었다. 바로 이런 의미에서 원치욱의 제안은 심적 시뮬레이션 모형과 법칙인과적 모형의 결합으로 간주될 수 있다.

먼저 상해죄 피해자 A가 상처 치료를 위하여 병원을 찾는 행위의 설명에 대하여 원치욱의 제안이 어떤 분석을 제시하는지 살펴보자. 피해자 A는 '상해죄 피해자 추론'의 네 가지 전제, 즉 P$_1$ - P$_4$를 모두 '참'으로 믿고 있다. 이는 (W$_1$)이 충족된다는 것을 의미한다. 한편 A가 병원을 찾은 것은 바로 P$_1$ - P$_4$를 구성하는 믿음과 욕구 때문이었다. 그 믿음과 욕구가 병원을 찾는 A의 행위에 대한 인과적 원인으로 기능했다는 것이다. 이는 (W$_3$) 역시 충족된다는 것을 의미한다.

가장 중요한 것은 (W$_2$)가 충족되는지 여부인데, 이것은 A의 행위를 설명하는 설명자로서 우리가 그 행위에 대한 A의 실천추론,

즉 '상해죄 피해자 추론'에 대한 심적 시뮬레이션을 시도함으로써 확인할 수 있다. 이미 제3장에서 우리는 그러한 심적 시뮬레이션이 성공적으로 수행될 수 있다는 것을 보았다. 이는 A의 실천추론이 상처의 치료를 위하여 병원을 찾는 A의 행위를 합리화한다는 것을 의미하고, 이는 다시 (W₂)가 충족된다는 것을 의미한다. 결론적으로 원치욱의 행위 설명 모형에서 우리는 상해죄 피해자가 상처 치료를 위하여 병원을 찾는 행위에 대하여 설명적 이해를 달성할 수 있다.

앞서 제시한 폐쇄공포증 환자의 사례는 우리가 행위자의 심리 상태에 근거하여 행위자의 행위에 대한 설명적 이해를 획득하지 못하는 사례에 해당한다. 폐쇄공포증 환자가 엘리베이터를 타고 있다고 가정할 때 그는 '현재 나는 엘리베이터 안에 있다'는 믿음이나 '폐쇄된 공간에서 벗어나고 싶다'는 욕구와 같은 심리 상태를 가질 것이다. 그리고 그러한 심리 상태는 엘리베이터 안에서 공포를 느끼며 괴성을 지르는 그의 행위를 인과적으로 야기할 것이다. (W₁)과 (W₃)가 충족된다는 말이다. 그러나 앞서 살펴본 바와 같이 (W₂)는 충족되지 않는다. 왜냐하면 폐쇄공포증 환자의 행위에 대한 설명자로서 우리는 그의 실천추론에 대한 심적 시뮬레이션을 통하여 그 행위의 적절성을 파악할 수 없기 때문이다. 엘리베이터 안에서 공포를 느끼며 괴성을 지르는 그의 모습을 보며 우리는 그에 대하여 공감적 일체화, 재경험화를 성취할 수 없다는 것이다. 이는 우리가 그의 실천추론을 시뮬레이션할 때 수렴 조건이 만족되지 않는다는 것을, 그 행위의 합리성을 우리가 공유할 수 없다는 것을, (W₂)가 충족되지 않는다는 것을 의미한다.[24]

손가락의 가려움을 피하기 위하여 전 세계의 파멸을 선택하는 폭군

원치욱의 모델을 데이비드 흄David Hume이 제시한 다음 사례에 적용함으로써 우리는 (W₂)에 나타나는 합리성 개념에 대한 한층 더 깊은 이해에 도달할 수 있다. 흄은 일찍이 《인간 본성에 관한 논고》에서 "이성은 정념의 노예이다Reason is, and ought only to be the slave of the passions, and can never pretend to any other office than to serve and obey them"[19]라는 그의 도덕철학적 논제를 옹호하면서 어느 폭군이 자신의 손가락의 작은 가려움과 전 세계의 파멸 둘 중에 하나를 양자택일해야 하는 상황을 고려한다. 흄은 그 상황에서 폭군이 손가락의 가려움을 피하겠다는 이유로 전 세계의 파

---

24 물론 미래의 뇌과학이 폐쇄공포증 환자들의 병리적 증상에 대한 신경생리적 메커니즘을 발견할 수 있고, 그를 통하여 폐쇄공포증 환자의 행위를 이해할 가능성을 부정할 수 없다. 그러나 그 경우 우리가 획득하는 설명적 이해는 (W₂)를 충족하는 방식의 심적 시뮬레이션을 통한 공감적 이해(empathetic understanding)가 아니다. 다시 말해 설사 그러한 신경생리적 설명이 주어진다고 하더라도 우리는 여전히 그 환자의 행위에 대한 적절성을 파악할 수 있는 방식으로 그의 실천추론을 시뮬레이션할 수 없다. 뇌과학이 폐쇄공포증 환자의 행위에 대한 설명을 제공한다면 그것은 심적 시뮬레이션 모델이 아닌 법칙인과적 모델에 부합하는 자연과학적 설명일 가능성이 높다.

멸을 선택한다고 하더라도 그것은 이성에 어긋나지 않는다고 역설한다 It is not contrary to reason to prefer the destruction of the whole world to the scratching of my finger.[20]

　물론 우리는 이러한 폭군이 도저히 상식적으로 이해할 수 없는 사람이라는, 손가락의 작은 가려움을 피하고 싶다는 욕구는 결단코 전 세계를 파멸로 몰아넣을 정당한 이유가 될 수 없다는, 그래서 그의 행동은 결코 용서받을 수 없다는 도덕관념을 가지고 있다. 그러나 그럼에도 흄이 지적하는 바와 같이 어떤 흥미로운, 그리고 중요한 의미에서 그의 행동은 완전히 비이성적인 것은 아니다. 그에게는 손가락의 작은 가려움을 피하는 것이 진정 세계의 파멸보다 더 큰 문제라고 가정할 때 폭군의 행위가 완전히 납득되지 않는 것도 아니기 때문이다.

　실제로 우리가 그 폭군의 심리 상태에 대하여 충분히 상세한 정보를 얻을 수 있다면 수렴 조건을 충족하는 방식으로 전 세계의 파멸을 선택하는 그의 실천추론을 시뮬레이션하는 것이 불가능해 보이지 않는다. 이는 손가락의 가려움을 피하겠다는 이유를 통하여 폭군의 행위를 합리화하는 것이 가능하다는 것을 의미하고, 이로부터 우리는 이 흄의 사례에서 (W_2)의 합리성 조건이 충족된다는 결론을 얻는다. 손가락의 가려움을 피하겠다는 폭군의 심리 상태가 전 세계의 파멸을 선택하는 그의 행위에 대하여 설명적 이해를 제공한다는 것이다. 비록 그 행위가 우리의 상식적 도덕관념에 비추어 결코 정당화될 수는 없지만, 그럼에도 그 행위는 폭군의 심리 상태에 비추어 적절하고 또 합리적인 것이라는 말이다. 시쳇말로 그 폭군이 완전히 미친 것은 아니라는 말이다.

지금까지 나는 행위 설명에 대한 법칙인과적 모형과 심적 시뮬레이션 모형을 결합하는 한 가지 방안으로서 원치욱의 제안을 검토하였고, 그것이 그 나름의 호소력을 지닌다는 것을 확인하였다. 물론 원치욱의 제안에 전혀 불만이 없는 것은 아니다. 그러나 그러한 불만에도 불구하고 원치욱의 제안은 행위 설명에 대한 두 모형을 포섭하는 하나의 건설적인 시도로 간주될 수 있고, 그러한 한에서 피해자다움과 행위 설명 사이의 개념적 상관관계를 드러내는 이 책의 용도로 부족함이 없다.

이유의 공간

원치욱의 행위 설명 모형은 한 가지 중요한 함축을 갖는데, 그것은 우리의 이해 가능성의 범위 밖에 있는 행위자의 가능성이 긍정된다는 사실이다. 이에 대하여 원치욱은 다음과 서술한다.[21]

나의 접근이 갖는 한 가지 함축은 어떤 행위에 대해 만약 그 행위로의 시뮬레이션이 가능한 심적 상태를 찾지 못한다면 그 행위는 이해 불가능한 것으로 남는다는 것이다. 가령 복싱 선수가 시합 중에 상대 선수의 귀를 깨물었다고 하자. 이 행위는 설명이 어려워 보인다. 왜 그러한가? 시뮬레이션이 잘되지 않기 때문이며, 따라서 행위의 이유가 될 만한 것이 없어 보이기 때문이다. (물론 맥락이 좀 더 주어지면 대개의 경우 그러하듯 시뮬레이션이 가능한 심적 상태를 찾을 수 있을 것이다.) 만약 누군가의 행위가 항상 이와 같은 의미에서 시뮬레이션이 되지 않는다면, 그의 행위는 중요한 의미에서 우리의 이해 가능성 너머에 있을 것이다. 그 사람의 이유는 우리에게는 이유가 아닐 것이기 때문이다. 그러한 행위 혹은 존재자들은 우리와 동일한 이유의 공간 space of reasons에 머물지 않는다고 말할 수 있을 것이다.

여기서 윈치욱의 논점은 그의 행위 설명 모형에서 (W₂)는 오직 행위자와 동일한 이유의 공간[25]을 공유하는 설명자들에 대해서만 충족된다는 것이다. 김재권 역시 비슷한 논점을 제시하는데, 윈치욱의 (W₂)가 행위 설명에 대한 심적 시뮬레이션 모형에 그 기원을 두고 있다는 점에서 이는 전혀 놀랍지 않다. 김재권은 우리가 심적 시뮬레이션 모형을 따라 공감적 일체화empathetic identification, 상상적 투사imaginative projection, 재경험화re-experiencing와 같은 개념을 행위 설명에서 진지하게 받아들일 때 "합리적 이해가능성의 서클circle of rational intelligibility" 속에서만 행위에 대한 설명적 이해가 확

---

25 '이유의 공간(logical space of reasons)'이라는 표현은 애초 윌프리드 셀라스(Wilfrid Sellars 1963, p. 169)가 〈경험론과 심리철학Empiricism and the Philosophy of Mind〉에서 인식적 정당화의 비물리주의적 성격을 강조하며 처음 도입한 용어이다.

보될 수밖에 없다고 말한다.[22]

가령 앞서 제시한 상해죄의 피해자 사례나 흄의 사례 모두에서 행위자가 그의 행위를 설명하려는 설명자와 동일한 이유의 공간을 공유함으로써 행위자의 일인칭적, 주관적 관점과 설명자의 삼인칭적, 객관적 관점 사이에 공감적 일체화가 가능하고, 바로 그 가능성으로 인해 설명자는 행위자에 대한 설명적 이해를 달성할 수 있다. 상해죄의 피해자가 자신의 상처를 치료하기 위하여 병원을 찾거나 혹은 폭군이 손가락의 가려움을 피하기 위하여 전 세계를 파멸시키는 것에 대하여 우리가 설명적 이해를 얻을 수 있는 것은 어디까지나 그들이 우리와 동일한 이유의 공간을 공유하기 때문이라는 말이다.

반면 앞서 소개한 폐쇄공포증 환자와 같은 정신질환자의 경우 우리는 수렴 조건을 충족하는 방식으로 그들의 실천추론을 시뮬레이션할 수 없는데, 그것은 그들이 우리와 동일한 이유의 공간 속에서 살아가지 않는다는 것을 증명한다. 폐쇄공포증을 앓는 행위자의 주관적, 일인칭적 관점과 그렇지 않은 설명자의 삼인칭적, 객관적 관점 사이에 공감적 일체화가 성취될 수 없고, 그것은 그들이 자신들의 행위에 대하여 동일한 합리성의 판단을 공유하지 않기 때문이라는 것이다.

김재권이나 원치욱이 명확히 밝히는 바와 같이 인간 행위에 대한 설명에서는 행위자와 설명자가 동일한 이유의 공간을 공유한다거나 혹은 동일한 합리적 이해 가능성의 서클에 속해야 한다는 조건이 등장한다는 사실은 인간의 행위에 대한 과학적 탐구가 자연 현상에 대한 과학적 탐구와 근본적으로 상이한 성격을 가질 수밖에 없다는 함의를 갖는다. 인간과학human sciences에 대한 이러한 함의는 19세기 독일에서 이루어진 인간과학의 본성에 대한 논쟁과 밀접한 관련을 맺는다.[23] 가령 독일의 철학자 빌헬름 딜타이Wilhelm Dilthey가 그의 저서《정신과학에서 역사적 세계의 건립》에서 밝힌 다음 서술[24]에서 우리는 김재권이나 원치욱의 아이디어의 원형을 발견할 수 있다.

> 모든 개별적 삶의 표현은 객관 정신objective spirit의 영역에서 공유되는 무언가를 반영한다. 모든 단어 혹은 문장, 모든 제스처 혹은 예절, 모든 예술 작품 혹은 정치적 행위가 이해 가능한 이유는 어떠한 공통성이 자기 자신을 표현하는 이들과 그렇게 자기 자신을 표현하는 이들을 이해하려고 시도하는 이들을 [행위하는 이들과 그 행위를 이해하려는 이들을] 엮어 주기 때문이다. 개인은 항상 공통적인 영역에서만 경험하고 사유하고 행위를 한다. 그리고 오직 그러한 공통성에 의해서만 개인들은 서로를 이해할 수 있다. 우리가 이해해 온 모든 것은 그러한 공통적인 영역에서 얻어지는 익숙함의 표식이다. 우리는 이러한 분위기에서 산다, 이 분위기는 우리를 항상 감싸고 있다, 우리는 이러한 분위기에 적셔져 있다. 우리는 이렇게 역사적이고 이해되는 세계에서 안락함을 느낀다. 우리는 이 공통 영역의 모든 의미를 이해한다; 뿐만 아니라 우리 스스로가 공통적 영역의 일부가 된다.[25]

피해자다움에 대한 분석의 이론적 토대

앞서 제2장에서 나는 피해자다움에 대한 다음과 같은 분석을 제안하였다.

V. 시점 t 이후 A의 행위 S는 범죄 C에 대하여 피해자답다 iff [A가 C의 피해자이다]라는 가설하에서 A의 행위 S는 [A가 C의 피해자가 아니다]라는 가설하에서보다 더 잘 설명되고 이해된다.

예를 들어 상해죄의 고소인 A가 상처의 치료를 위하여 병원을 찾는 행위 S는 피해자다운 행위인데, 그것은 A가 상해죄의 피해자라고 가정할 때 그러한 가정을 하지 않을 때보다 S가 더 잘 설명되고 이해되기 때문이다. A가 상해죄의 피해자라고 가정할 때 그가 상처의 치료를 위하여 병원을 찾는 행위가 더 잘 설명되고 이해된다는 것은 무엇을 뜻하는가?

원치욱의 모형에서 그것은 상처의 치료를 위하여 병원을 찾는 A의 행위에 대하여 원치욱의 세 조건 (W_1), (W_2), (W_3)을 충족하는 심리 상태 R을 상정하는 것이 용이하다는 것을 뜻한다. 편의상 (W_1)과 (W_3)을 충족하는 어떤 R을 상정할 때, 관건은 그 R이 (W_2) 역시 충족한다고 간주하는 것이 얼마나 용이한지이다. 다시 말해, A의 어떤 심리 상태 R이 실제로 그가 병원을 찾는 행위 S를 인과적 야기했다고 가정할 때 우리가 얼마나 용이하게 그러한 심리 상태 R을 재연할 수 있는지, 공감할 수 있는지, 심적으로 시뮬레이션할 수 있는지이다.

앞서 나는 행위 S를 실행하면서 A가 경험했을 심리 상태 R을 '상해죄 피해자 추론'을 통하여 정식화하면서 우리가 그 추론에 대하여 심적 시뮬레이션을 성공적으로 달성할 수 있다고 주장하였다. 뿐만 아니라 A가 상해죄의 피해자라고 가정할 때 우리는 A가 '상해죄 피해자 추론'의 전제에 해당하는 믿음이나 욕구를 획득하는 것에 대해서도 심적 시뮬레이션을 성공적으로 수행할 수 있다. 그가 상해를 당했다고 가정할 때, P_1 – P_4에 해당하는 심리 상태를 갖는 것이나 그러한 심리 상태로부터 상처의 치료를 위해 병원을 찾는 것이나 모두 우리가 재경험화할 수 있는 바라는 것이다. 그에 대한 공감적 일체화를 통하여 우리가 그의 행위를 이해하고 납득할 수 있기 때문이다. 적어도 그가 우리와 동일한 이유의 공간을 공유하는 한, 그가 우리와 동일한 합리적 이해 가능성의 서클에 포함되는 한 그러하다.

이에 반해 A가 상해죄의 피해자가 아니라고 가정할 때 우리는 심적 시뮬레이션을 통하여 고통을 호소하며 병원을 찾는 그의 행위 S를 합리화하거나 혹은 적절한 것으로 간주할 수 있는 심리 상태를 A에게 귀속하는 것이 (다른 모든 조건이 동일한 상황에서) 쉽지 않다. 평소 건강한 사람이 별다른 이유 없이 병원을 찾는 행위에 대하여 시뮬레이션하는 것이 쉽지 않다는 말이다. 이는 A가 상해죄의 피해자가 아니라고 가정할 때 그의 행위 S에 대하여 공감적 이해를 갖기 어렵다는 것을 뜻한다.

이처럼 A가 상해죄의 피해자라고 가정할 때 우리는 S에 대하여 공감적 이해를 갖기 용이한 반면, A가 상해죄의 피해자가 아니라고 가정할 때 그러한 이해를 갖기 어렵다. 이는 피해자다움에 대한 나의 분석하에서 A의 행위 S가 상해죄에 대하여 피해자답다는 것을 의미한다.

지금까지 행위 설명에 대한 원치욱의 제안이 피해자다움 개념에 대하여 갖는 함의를 논의했는데, 그 제안이 가짜피해자다움, 가해자다움, 가짜가해자다움과 같은 동종 개념에 대하여 갖는 함의 역시 유사하게 논의될 수 있을 것이다. 제2장에서 나는 피해자다움 개념과 그 동종 개념을 '행위가 더 잘 설명되고 이해된다'는 표현을 사용하여 분석하였다. 행위 설명의 논리에 대한 지금까지의 논의는 이 분석을 적용하는 과정에서 '행위가 더 잘 설명되고 이해된다'는 표현이 자의적이지 않은 방식으로 해석될 수 있음을 보여 준다. 견실한 이론적 토대 위에서 그 표현이 이해되고 또 사용될 수 있다는 것이다. 그리고 그러한 한에서 '행위가 더 잘 설명되고 이해된다'는 표현으로 분석된 피해자다움 개념과 그 동종 개념 역시 견실한 이론적 토대 위에서 정의되고 또 사용될 수 있다.

마지막으로 피해자다움 개념을 적용할 때 특별한 주의가 요망되는 경우가 있다는 사실을 지적하자. 앞서 강조한 바와 같이 행위 설명에 대한 원치욱의 제안에 따르면 행위자의 행위에 대한 공감적 이해는 오직 행위자가 그의 행위를 이해하고자 하는 설명자와 동일한 이유의 공간에 머문다는 조건이 충족될 때에만 가능하다. 그러나 범죄의 피해자가 너무나 혹독한 고통에 시달린 결과 그 조건을 충족하지 못하게 되는 것이 가능하다. 특히 장기간 지속된 성폭력이나 가정폭력은 피해자의 심리에 엄청난 고통을 안기고, 그에 따라 피해자가 일반인이 이해하기 힘든 행위를 하는 경우가 있다는 것은 잘 알려져 있다.

가정 폭력에 대한 선구적인 연구로 잘 알려진 미국의 임상심리학자 레노어 워커Lenore Walker는 《매 맞는 아내 신드롬The Battered Wife Syndrome》이라는 저서에서 부부관계나 연인관계의 남성과 여성 사이에 지속적인 신체적, 성적, 혹은 심리적 폭력이 발생하는 상황에 주목하였다. 그 상황에서 피해자가 외상 후 스트레스 장애PSTD와 유사한 증상을 보이는 경우가 적지 않다고 워커는 지적한다.

장기간 지속되는 성폭력이나 가정폭력의 피해자에게서 나타나는 또 다른 증상으로는 학습된 무기력이 있다. 미국의 심리학자 마틴 셀리그만Martin Seligman은 1972년 한 동물실험의 결과를 보고하는 논문 〈학습된 무기력Learned Helplessness〉을 발표하는데, 그 내용은 상당한 사회적 파장을 낳았다. 그 실험은 두 단계로 이루어진다. 그 첫 번째 단계에서 강아지는 전기충격이 발생하는 방에 갇힌다. 방의 바닥으로부터 전기충격이 발생할 때 강아지는 심한 고통을 느끼는데 전기충격은 매우 예측 불가능한 방식으로 발생하다가 멈추기를 반복한다. 실험 초기의 강아지는 전기충격이 발생할 때 몸부림을 치거나 방을 이리저리 뛰어다니며 전기충격을 피하기 위해 노력한다. 그러나 강아지는 곧 고통을 견디는 것 이외에는 전기충격에 대하여 자신이 할 수 있는 일이 아무것도 없다는 것을 깨닫는다. 실험이 충분히 진행된 후에는 강아지는 전기충격이 오면 그저 신음 소리만을 내며 그 고통을 견딜 뿐 그것을 피하기 위하여 아무런 노력도 하지 않는다. 여기까지가 셀리그만 실험의 첫 번째 단계이다.

한층 흥미로운 부분은 셀리그만 실험의 두 번째 단계이다. 첫 번째 단계의 실험을 거친 강아지들을 또 다른 방에 감금한다. 이 두 번째 단계에 강아지가 들어가는 방은 왼쪽 절반과 오른쪽 절반 두 부분으로 분리되고, 그 분리되는 지점에 강아지가 쉽게 넘을 수 있는 장애물이 놓여 있다. 방의 왼쪽 절반은 첫 번째 단계의 실험에서 사용된 전기충격방과 마찬가지로 바닥으로부터 전기충격이 발생한다. 한편 방의 오른쪽 절반은 전기충격이 전혀 발생하지 않는다. 강아지가 그 방의 왼쪽 절반에 있을 때 전기충격을 가한다면 강아지는 어떻게 반응할까? 강아지가 작은 장애물을 넘어 방의 오른쪽으로 이동하면 쉽게 전기충격을 피할 수 있는 상황이다. 그러나 흥미롭게도 실험 결과에 따르면[26] 대부분의 강아지가 전기충격

---

26 셀리그만의 실험은 모든 심리학 실험이 그러하듯 강아지들을 실험집단(experimental group)과 통제집단(control group)으로 나누어서 진행되었다. 본문에서 설명한 실험 결과는 모두 실험집단에 속한 강아지들에 대한 셀리그만의 실험 결과이다. 통제집단에 속한 강아지들에 대한 셀리그만의 실험 설계 및 강아지들의 반응 역시 상당히 흥미롭다. 지면 관계상 그에 대한 설명은 생략한다. Seligman (1972)과 Seligman(1975)을 참고.

Shock

No shock

Rose M. Spielman, PhD - Psychology: OpenStax, p. 519, Fig 14.22

을 피하려는 아무런 노력 없이 방의 왼쪽에서 그저 신음소리를 내
며 전기충격의 고통을 견딜 뿐이다.[26]

　이러한 셀리그만 실험이 갖는 사회적 함의는 자명하다. 장기간
에 걸쳐 지속적으로 신체적, 성적, 혹은 심리적 폭력에 시달리는
상황에서 사람들은 자포자기의 상태에 빠지게 되고, 그래서 정작
그 상황에서 탈출할 수 있는 기회가 오더라도 지레짐작으로 탈출
을 포기한다는 것이다. 셀리그만 실험은 그러한 지속적 폭력의 양
상을 띠기 쉬운 가정 내의 폭력이나 연인 간의 폭력이 지닌 위험성
과 해악을 과학적으로 실증한다고 볼 수 있다.

　피해자가 장기간 폭력에 노출될 때 나타나는 위와 같은 증상으
로부터 곧장 그들이 정신질환을 앓는다든지 혹은 그들이 우리가
공유하는 이유의 공간에서 벗어나게 된다는 결론을 이끌어 내는

것이 다소 성급하다. 가령 학습된 무기력 현상의 경우 피해자가 탈출을 지레 포기하는 것은 탈출이 매번 실패했던 과거의 경험으로부터 귀납적으로 정당화되는 가장 합리적 선택일지도 모른다. 그럼에도 불구하고 이상의 논의는 장기간 지속적인 폭력에 노출된 피해자의 행위에 대한 설명적 이해를 추구하면서 우리가 피해자의 심리에 대하여 특별한 주의를 기울일 필요가 있다는 것을 보여주기에는 충분하다. 그들의 행위에 대한 피해자다움을 판단하는 과정에서 그들이 지속적 폭력으로 인해 정신질환을 앓게 되었을 가능성, 일반인이 공유하는 이유의 공간에서 벗어날 가능성을 항상 염두에 두어야 한다는 것이다. 피해자다움 개념을 적용할 때 각별한 주의가 요망되는 경우라고 할 수 있다.

제5장
여성주의자들의 비판에 답하다

피해자다움에 대한 비판

　지금까지 우리는 피해자다움 개념이나 그 동종 개념을 인간의 행위 설명을 통하여 분석하면서 행위 설명에 대한 법칙인과적 모형과 심적 시뮬레이션 모형을 소개하였고, 그 두 모형을 통합하고자 시도한 원치욱의 제안하에서 피해자다움이나 가해자다움이 어떻게 적용될 수 있는지 간략히 살펴보았다. (이로써 피해자다움이나 그 동종 개념이 어느 정도의 이론적인 토대를 갖게 되었다고 본다.)

　이 책의 주된 관심사인 **성범죄 재판**에서의 피해자다움이나 가해자다움에 대해서는 다음 절에서 상세한 논의가 이어질 것이다. 그것을 이번 장이 아닌 다음 장에서 논하려는 이유는 그보다 앞서 시급히 다루어야 할 주제가 있기 때문이다. 그것은 바로 최근 여성주의 활동가들이 피해자다움에 대하여 제기한 몇몇 반론에 답하는 것이다. 그들은 성범죄 재판에서 고소인의 행위가 피해자다운지를 논하는 것 자체를 '2차 가해'라며 반대하기 때문이다.

제1장에서 내가 명시적으로 밝힌 바와 같이, 이 책에서 '피해자답다', '가짜피해자답다', '가해자답다' 등과 같은 술어는 모두 시점 t 이후의 고소인이나 피고인의 행적에 적용된다. 그런데 성범죄에 관한 최근의 논의에서 피해자다움 개념은 그보다 훨씬 더 넓은 의미로 사용된다.

넓은 의미의 피해자다움에 따르면 그것은 피해자가 성범죄를 예방하기 위하여 모든 조치를 충분히 취했는지, 사건 당시 성적 자극을 줄 수 있는 화장을 하거나 옷을 입었는지, 과거 어떤 성적 경험을 가졌는지, 성에 대하여 얼마나 개방적인 태도를 취하는지, 어떤 성적 지향을 가졌는지, 전과나 정신 병력이 있는지, 성매매 업종 혹은 그 유사업종에 종사했는지, 범죄가 발생하는 동안 음주 상태였는지 등과 모두 관련된다.

한국성폭력연구소 이미경 소장은 이런 넓은 의미의 피해자다움에 대한 가장 명료하고 정확한 서술을 제시하는데,[26] 이미경에 따르면 그러한 피해자다움 개념은 한국 사회의 뿌리 깊은 정조 관념과 밀접한 관련을 갖는다. 내가 이 책에서 제시하는 좁은 의미의 피해자다움은 사건 이후 고소인의 행적과 관련된 것으로 엄격히 제한되는 반면, 넓은 의미의 피해자다움은 우리 사회에서 폭넓게 수용되는 성범죄 피해자의 스테레오타입과 관련된다.

성범죄 고소인 여성이 이러한 스테레오타입에 부합하지 않는 모습을 보일 때 피고인 측 변호사는 '고소인이 성적으로 문란한 여성'이라든지 혹은 '고소인이 사실은 성범죄에 자발적으로 참여했다' 등으로 주장하며 고소인 진술의 신빙성을 공격하곤 한다. 이러한 공격 앞에서 고소인이 자신이 성범죄의 피해자라는 것을 입증하기 위해선 "자신의 성이 성폭력 피해를 입기 전에는 제도의 보호를 받을 만한 '온건한' 성이었음을 증명하는 동시에 이 '정상적인' 성이 '비정상적인' 성에 의해 침해받았음"[27]을 증명해야 할 부담을 지게 된다. 편의를 위하여 이러한 스테레오타입을 '이상적 피해자상ideal victimhood'이라고 부르자.[27]

그러나 이러한 넓은 의미의 피해자다움, 즉 이상적 피해자상에 호소하여 성범죄 고소인의 진술의 신빙성을 공격하는 것은 논증적으로 설득력이 없을 뿐만 아니라 부도덕하기까지 하다. 그것이 논증적으로 설득력이 없는 것은 이상적 피해자상이 형성하는 선입견과 편견은 자신이 성범죄의 피해자라는 고소인 진술의 신빙성과 아무런 증거적 상관관계를 갖지 않기 때문이다. 성범죄 고소

---

27 성범죄 피해자와 가해자에 대한 법집행에서 작동하는 이상적 피해자상이 정확이 무엇인지에 대해서는 Randall(2011)과 Larcombe(2002)를, 그것이 어떻게 실제 법집행에 영향을 미치는지에 대해서는 Matoesian(1993), Sheehy(1995), Finch and Munro(2005)를, 서양 사회에서 그것의 연원에 대해서는 Stevenson(2000)을 참고.

인이 전과나 정신병력이 있었는지, 성매매 업종 혹은 그 유사업종에 종사했는지 등은 자신이 성범죄 피해자라는 고소인 진술의 신빙성과 아무런 증거적 관련이 없기 때문이다.

　실제로 전술한 방식으로 고소인 진술의 신빙성을 훼손하는 행위의 부당성을, 저명한 여성주의 철학자 미란다 프리커Miranda Fricker가 자신의 저서에서 '인식적 부정의epistemic injustice'라는 개념을 통하여 이론화하기도 하였다.[28] 프리커는 인식적 부정의를 두 가지 유형으로 나누는데 그중 본 문단의 주제와 밀접한 관련이 있는 것은 증언적 부정의testimonial injustice이다.[28] 그것은 증언자의 사회적 정체성social identity에 대한 청자의 편견에서 말미암아 청자

28　한국 사회에서 성범죄 고소인들이 프리커가 '증언적 부정의'라고 부른 종류의 인식적 부정의에 더해서 '해석학적 부정의(hermeneutic injustice)'라고 부른 종류의 인식적 부정의를 경험하는지는 논란의 여지가 있다. 프리커(2007, pp. 147-169)에 따르면 해석학적 부정의는 개인의 경험을 묘사하는 해석학적 자원을 생산하는 과정에서 사회적 불평등이 취약 집단에 체계적인 편견으로 이어지는 현상을 가리킨다. 이에 따라 취약 집단에 속한 개인들은 자신들의 경험을 공정하게 표현할 수 있는 해석학적 자원을 결여하는 부당한 상황을 경험하게 된다. 프리커는 이러한 해석학적 부정의를 '성희롱(sexual harassment)'이라는 표현이 통용되기 이전에 성희롱을 당했던 여성들의 상황을 통하여 설명한다. 그 여성들은 해석학적 자원의 부족으로 인하여 자신들의 경험을 '성희롱'이 아니라 '꼬시기(flirting)'로 표현할 수밖에 없었지만, '꼬시기'라는 표현은 그들의 경험에 내재하는 범죄적, 폭력적 성격을 정확히 포착하지 못했다. 그런 점에서 그 여성들은 해석학적 부정의를 경험했다고 프리커는 설파한다. 최근 허민숙(2017, p. 4)은 성폭력 사건의 고소인이 무고 사건의 피고인이 되는 과정을 서술하면서 그 고소인이 해석학적 부정의를 경험했다고 주장하지만 그에 대하여 어떠한 논거도 제시하고 있지 않다. 한편 데버러 투르크하이머(Deborah Tuerkheimer 2017, p. 47)는 그와 관련한 좀 더 자세한 논증을 펼치고 있으나 그것이 현재 한국 사회에서 여성이 경험하는 인식적 부정의를 올바로 포착하는지는 여전히 불분명하다. 이에 대한 비교적 상세한 논의는 Jenkins(2017)를 참고.

가 증언자의 증언에 그에 합당한 신빙성을 부여하지 않는 현상을 가리킨다.[29] 고소인 진술의 내용과 아무런 관련이 없음에도 불구하고 고소인이 전과자라는 이유로, 얇은 옷을 즐겨 입는다는 이유로, 성매매 업소에 근무했다는 이유로 고소인에 대한 편견을 형성하고 그를 통하여 고소인 진술의 신빙성을 훼손하는 것은 증언적 부정의의 가장 표준적인 형태라고 할 수 있다.[30]

지금까지 이상적 피해자상에 호소하여 성범죄 고소인의 진술의 신빙성을 공격하는 것이 인식론적으로 부당하다고 주장했는데, 실상 그것은 부도덕하기까지 하다. 먼저 인식적 부정의는 그것이 지식을 증언할 수 있는 능력을 성범죄 고소인으로부터 부당하게 박탈한다는 의미에서 부도덕하다.[29] 그러나 그뿐이 아니다. 성범죄 재판의 맥락에서 그것은 곧잘 성범죄 고소인에 대한 부당한 비난으로 이어진다는 점에서 부도덕하다. 성범죄 고소인이 이상적인 피해자상에 부합하지 않는 모습을 보일 때 피고인 측 변호사는 성범죄가 발생한 책임을 고소인에게 돌리는 변론 전략을 택하곤 한다.[30] 고소인이 성범죄에 대하여 충분히 주의를 기울이지 않았기 때문에, 고소인이 늦은 시간까지 귀가하지 않았기 때문에, 사건 당시 야한 옷을 입었기 때문에, 사건 당시 음주 상태에 있었기 때문에 성범죄가 발생했다고 주장하며 성범죄의 책임을 고소인에게

---

29 증언적 부정의의 다양한 종류와 그에 대한 최근 논의에 관해서는 Wanderer (2017)를 참고.
30 이 논점에 대한 상세한 논의는 허민숙(2017; 2018)과 양선숙(2018)을 참고.

돌리는 것이다. 이미경이 '피해자 유발론'이라고 부른 변론 전략이다.[31] 이는 고소인이 성범죄 피해자가 될 수 있는 가능성을 선험적으로 배제하는 것으로서 고소인에게서 사법적 정의를 박탈한다. 이상적 피해자상을 활용하여 성범죄 고소인의 진술의 신빙성을 공격하는 것이 부도덕한 또 다른 이유이다.

이상적 피해자상이, 나아가 피해자다움 개념이 여성에 대한 억압적 기제의 일부라고 보는 많은 여성주의 활동가나 법학자의 입장이 이해가 되고도 남는다. 그 억압이 여성으로부터 성범죄 피해자가 될 수 있는 가능성을 부당하게 박탈한다는 것이 그들의 주장이다. 이런 주장의 연장선에서 그들은 성범죄에 대한 사법적 판단에서 피해자다움을 통하여 고소인 진술의 신빙성을 평가하는 현재 사법부의 관행을 정면으로 반대한다. 이미경의 다음 서술은 피해자다움에 대한 여성주의 활동가들의 시각을 잘 드러낸다.[32]

> 피해자가 처한 상황과 맥락에 따라 같은 피해라고 하더라도 각자 다른 피해후유증 및 대응양상을 보인다. 현행법이 피해자들에게 요구하는 '피해자다움'은 가부장제 사회의 남성중심적인 시각에서 형성된 '합리성'이나 '객관성'의 이름으로, 피해자의 경험과 목소리를 배제하고 있어 결코 객관적일 수 없으며, 무엇보다 피해자의 인권을 심각하게 침해하고 있다.[31]

<hr />

31 정대현(2018, p. 94) 역시 "피해자다움도 초견적으로 현상 기술적이지만 평가적으로 피해자 중심적이 아니라 사회주류 중심적 억압성을 수반할 수 있다"라고

분명 우리는 성범죄 문제를 현장에서 온몸으로 체험하는 여성주의 활동가들의 시각을 엄중히 받아들일 필요가 있고, 그런 점에서 피해자다움에 대한 이미경과 같은 현장 활동가의 시각을 결코 가볍게 여기지 말아야 한다. 그러나 그렇다고 그들의 시각을 무비판적으로 가감 없이 수용하는 것 역시 정답은 아니다. 우리 사회에 존재하는 다양한 시각과 조화와 균형을 이룰 수 있도록 그들의 시각을 다듬고 정련하는 것 또한 중요하기 때문이다.

인식적 부정의 이론의 올바른 적용

본격적인 논의에 앞서 지적하고 싶은 논점이 있는데, 그것은 허민숙이나 양선숙과 같은 학자는 성범죄 고소인에게 프리커의 인식적 부정의 이론을 적용하면서 전술한 바의 이상적인 피해자상의 작용으로 그들의 진술이 그에 합당한 신빙성보다 낮은 신빙성이 부여된다고 주장하지만, 그것을 상쇄하는 방향으로 증언적 부정의 현상이 발생하기도 한다는 점에 대해서는 충분히 주목하지 않는다는 것이다.

고려대학교 법학전문대학원 박경신 교수가 올바로 지적하는 바[33]와 같이 성범죄 고소인에 대해서는 '성범죄 피해자라는 사회적 낙

말하면서 이러한 입장에 동조한다.

98

인을 감수하면서 고소까지 한 것을 보면 성범죄가 실제로 발생한 것이 분명해', '피고인을 성범죄로 고소할 경우 겪을 수밖에 없는 무수한 불편을 무릅쓰면서 고소한 것을 보면 고소인이 거짓말하는 것은 아닐 거야'라는 통념이 우리 사회에 존재하는 것을 부인하기 힘들다.[32] 그리고 이러한 통념 때문에 우리 사회가 성범죄 고소인의 진술에 대하여 그에 합당한 신빙성보다 더 높은 신빙성을 부여한다는 것 역시 부인하기 힘들다. 그런 부가적인 신빙성의 부여가 합당하지 않은 이유는 설사 성범죄 피해자에 대하여 사회적 낙인이 존재한다고 하더라도 그것이 존재한다는 사실 자체와 성범죄가 실제로 발생했다는 고소인 진술의 진실성 사이에 어떠한 증거적 상관관계도 없기 때문이다. 이는 성범죄 고소인 진술의 신빙성을 높이는 방향으로 인식적 부정의 현상이 발생한다는 것을 뜻한다. 성범죄에 대한 법집행 과정에서 고소인이 늘 인식적 부정의의 희생자는 아니라는 말이다.

이런 점에서 성범죄에 대한 법집행 과정에서 피고인은 인식적 부정의의 일방적인 수혜자이고 고소인은 인식적 부정의의 일방적인 희생자인 양 묘사하는 것은 결코 공정한 서술이라고 볼 수 없

---

32 최초로 자신의 인식적 부정의 이론을 제시할 때 프리커(2007)는 인식적 부정의에 의하여 화자의 진술이 갖는 신빙성이 부당하게 훼손되는 경우만을 고려하였다. 그러나 이후 호세 메디나(Jose Medina 2011; 2013)는 인식적 부정의에 의하여 화자의 진술이 갖는 신빙성이 증대하는 경우도 얼마든지 가능하다고 지적하였다. 인식적 부정의 덕분에 진술의 신빙성이 부당하게 감소할 수도 있지만 그와 반대 방향으로 진술의 신빙성이 부당하게 증가할 수도 있다는 것이다.

다. 공정한 서술은 피고인과 고소인 공히 한 측면에서는 인식적 부정의의 수혜자이면서 동시에 다른 한 측면에서는 희생자라고 말하는 것이다. 적어도 한국 사회에서는 그러하다.

피해자 중심주의에 대한 오해

성범죄 고소인이 한 측면에서 인식적 부정의의 수혜자라는 위의 논점이 그들이 다른 측면에서 인식적 부정의로부터 경험하는 해악을 정당화하는 것은 아니다. 사회적인 편견과 선입견으로 형성된 이상적 피해자상에 근거하여 고소인의 사건 당시의 옷차림, 가정환경, 전과, 과거 직업 등을 언급하며 고소인 진술의 신빙성을 훼손하려고 시도하는 피고인의 변론 전략은 지탄받아 마땅하다. 그러나 그렇다고 고소인 진술의 신빙성을 평가하는 변론 전략 자체를 죄악시하는 것은 지나친 대응이다.

고소인의 진술에만 의존하여 피고인의 유무죄를 판단해야 하는 성범죄 재판에서 고소인 진술의 신빙성에 대한 평가는 또 다른 무고한 피해자의 양산을 막기 위한 필요악이기 때문이다. 거짓된 성범죄 혐의로 엄청난 고통의 나날을 보낸 피해자의 존재가 그것을 증명한다.[33] 이런 상황에서 성범죄 고소인 진술에 대한 신빙성 평

---

33 거짓된 성범죄 고소로 고초를 겪은 이들 중 사회적으로 큰 주목을 받은 이로는 배우 이진욱, 시인 박진성, 경희대 교수 서정범, 서울시립대의 한 학생이 있다. 관련

가를 전면적으로 거부하는 것은 매우 비상식적일 수밖에 없다.

　이런 비상식이 비교적 최근까지도 '피해자 중심주의victim-centered approach'라는 이름으로 공공연히 주창되어 왔다는 사실은 진정 놀라울 따름이다. 지난 2000년에 구성된 '운동사회 성폭력 뿌리 뽑기 100인 위원회'는 "성폭력 사건의 의미 구성과 해결 과정에서 피해자인 여성의 주관적 경험에 진실의 권위를 부여하는 것"으로 피해자 중심주의를 정의하며 여성 고소인 진술의 신빙성 평가를 불필요한 것으로 간주하였다.[34] 그러나 아무런 검증 없이 여성 '피해자'의 진술에 진실의 권위를 부여한 100인 위원회의 활동이 상당한 부작용을 낳을 것이라는 것은 명약관화했다. 실제로 100인 위원회의 활동이 다수의 무고한 '가해자'를 만들어 냈고 그것은 이후 여성주의 활동가들 사이에서 피해자 중심주의에 대한 많은 논란과 반성으로 이어졌다.[35] 피해자 중심주의의 이러한 오류에 대하여 여성학자 권김현영은 "피해자 중심주의라는 말 자체가 종종 '피해자는 옳다'는 명제로 오해되는 경우가 많다"라고 지적하기도 했다.[34]

보도는 다음과 같다.
　①이진욱, 〈'성폭행 무고' 여성, 2심서 유죄 판결〉, 《kbs 뉴스광장》 2018. 2. 8.
　②박진성, 〈거짓 '미투' 휘말린 박진성 시인, 성추행 의혹 보도 언론사에 승소… "형사고소도 할 것〉, 《국민일보》, 2018. 7. 18.
　③서정범, 〈성논란은 권력싸움인가〉, 《데일리안》 2007. 3. 28.
　④서울시립대 한 학생, 〈'서울시립대 성희롱 조작' 여학생 1명 모욕죄 '벌금형'……정현남 "당당위·후원자께 감사〉, 《헤럴드경제》, 2019. 1. 21.
34 권김현영(2018, pp. 43-48)은 피해자 중심주의의 대안으로 '합리적 여성(피

최미진[36]이나 박경신[37]은 '피해자 중심주의'가 애초 서구에서 도입된 배경을 고려하며 그에 대한 상당히 합리적인 해석을 제안하는데, 그에 따르면 피해자 중심주의는 성범죄 재판에서 여성 고소인의 진술에 대한 신빙성 평가는 불필요하다거나 진상 조사 없이 여성 고소인의 진술만으로 범죄 사실이 소명된다는 원칙이 아니다. 실상 그것은 성범죄 재판에서 여성 고소인의 진술의 신빙성 평가와는 아무런 관련이 없다.

대신 피해자 중심주의는 일단 성범죄 재판을 통하여 가해자와 피해자가 확정된 이후 어떻게 피해자의 회복과 치유를 효과적으로 달성할 것인가라는 질문과 관련된다. 그렇게 최미진과 박경신은 성범죄의 경우 가해자에 대한 형사적 처벌로 그에 대한 사법적 정의가 완성되었다고 볼 수 없다는 관찰하에서 피해자가 성범죄에서 발생한 상처를 극복하고 사회로 복귀하는 과정에서 국가가 능동적 역할을 수행할 필요성을 강조하는 원칙으로 피해자 중심주의를 이해한다.

이와 같이 피해자 중심주의를 피해자의 회복과 치유에 초점이 맞추어진 것이라고 한다면 '피해자 중심주의'라는 이름하에서 성

해자) 관점'이라는 새로운 원칙을 제안한다. 직장 내 성희롱의 존부에 대한 판단을 '합리적 여성이라면 충분히 심각하다고 생각할 만한 행동인가?'라는 질문으로 접근하자는 것이다. 나는 권김현영의 제안이 비록 충분히 정교하게 이론화되지는 않았지만, 그럼에도 성범죄의 특성에 대한 중요한 통찰을 담고 있다고 생각한다. 그러나 권김현영의 제안은 어디까지나 어떤 유형의 행위(예컨대 언어적 성희롱)를 범죄로 간주할지를 판단할 때 합리적 여성의 관점을 채택하자는 제안이다. 성범죄 재판에서 고소인 진술의 신빙성에 대한 판단과는 무관하다.

범죄 고소인 진술의 신빙성에 대한 평가를 거부하는 것은 피해자 중심주의를 오해해도 한참 오해한 것이 아닐 수 없다.

고소인의 정직성

　　　　　객관적 진실에 근거하지 않고 사법적 정의를 확립할 수는 없다. 성범죄 재판도 그로부터 예외가 될 수는 없다. 고소인 진술의 신빙성을 평가하는 것은 그러한 객관적 진실에 다가가는 가장 중요한 절차 중 하나라는 점에서 그것을 전면적으로 거부하는 것은 많은 이들의 동의를 이끌어 내기 힘들다. 성범죄 고소인 진술에 대한 신빙성 평가를 전면적으로 거부하는 것이 합당하지 않다고 할 때, 그런 신빙성 평가가 필수적이라고 할 때, 그것은 어떤 근거에서 이루어질 수 있을까?

　나는 제1장에서 그러한 근거로 믿음직함, 정직성, 일관성, 남김없이 진술하기 등이 고려될 수 있음을 지적하였다. 앞서 잠시 서술한 바와 같이 피해자다움과 그 동종 개념은 피해자 진술의 믿음직함과 관계한다. 그 개념들에 대한 자세한 논의를 하기 전에 고소인의 정직성, 즉 고소인이 거짓말을 하지 않음에 대하여 잠시 살펴보자.

　먼저 남김없이 진술하기는 정직성과 굳이 구분될 필요가 없음을 지적하자. 왜 고소인이 남김없이 진술하는 것이 그의 신빙성에 긍정적인 영향을 미치는가? 그것은 그 고소인이 자신의 고소인 진술에 불리한 무엇인가를 숨기지 않는다는, 그가 정직하다는 믿음을 지지하기 때문이다. 유사하게 왜 고소인이 남김없이 진술하지 않는 것이 그의 신빙성에 부정적인 영향을 미치는가? 그 고소인이 자신의 고소인 진술에 불리한 무엇인가를 숨긴다는, 그가 정직하지 않다는 의심을 불러오기 때문이다.

결국 고소인의 남김없이 진술하기는 고소인의 정직성에 대한 판단에서 중요한 근거로 기능하고, 고소인의 정직성은 그의 진술의 신빙성에 대한 판단에서 중요한 근거로 기능한다. 이는 남김없이 진술하기는 고소인 진술의 신빙성에 대한 유용한 평가 근거로 사용될 수 있지만, 그렇게 사용될 수 있는 것은 **오직 그것이 고소인의 정직성에 대한 판단 근거로 사용될 수 있기 때문**이라는 것을 의미한다. 남김없이 진술하기의 증거적 기능은 고소인의 정직성에 대한 판단에 의해 중계된다는 것이다. 만일 그와 같다면, 굳이 고소인 진술의 신빙성에 대한 평가 근거로 고소인의 정직성과 별도로 남김없이 진술하기를 고려할 필요는 없다. 고소인 진술의 신빙성 평가 근거로 고소인의 정직성만을 고려해도 남김없이 진술하기의 증거적 기능을 포섭할 수 있기 때문이다. 이런 이유로 남김없이 진술하기는 이하의 논의에서 배제할 것이며 그 대신 고소인의 정직성에 논의를 집중할 것이다.

최근 증언의 인식론epistemology of testimony을 연구하는 대다수의 인식론자들은 증언자의 정직성trustworthy에 대한 정당화된 믿음하에서 그 증언자의 증언에 대한 정당화된 수용이 비로소 가능하다고 역설한다. 고소인이 거짓말을 하지 않고 진실하게 말한다는 믿음이 정당화되지 않는 이상, 그 고소인의 진술을 액면 그대로 수용하는 것은 정당화되지 않는다는 것이다.

가령 옥스퍼드대학교 철학과의 엘리자베스 프리커Elizabeth Fricker 교수는 "'그[화자]가 P를 주장했다'로부터 'P'를 타당하게 추론하기 위해서 화자가 대화의 주제에 대하여 진실되고sincere 그리고 유능하다는competent 부가적인 가정이 필요하다"라고 말한다.[38]

프리커는 이 부가적 가정을 '모니터링 요건monitoring requirement' 이라고 하는데, 모니터링 요건의 필요성을 그 요건이 없다면 증언의 청자가 언제나 '나쁜 형태의 기만a bad form of gullibility'에서 벗어날 길이 없다는 사실에서 찾고 있다. 재판부가 고소인의 정직성과 유능함에 대한 모니터링 없이 고소인 진술을 무턱대고 수용하는 것은 고소인의 거짓말에 기만당할 위험에 자신을 무방비로 노출하는 결과를 가져온다는 것이다. 이처럼 증언의 정당화된 수용에서 화자의 정직성과 유능함에 대한 평가가 필수적으로 요청된다는 입론은 대다수의 인식론자들[39]에 의해 거의 보편적으로 수용되고 있다. 심지어 허민숙과 양선숙이 자신들의 논의를 위해 활용하는 인식적 부정의 이론의 창시자인 미란다 프리커조차도 그러한 입론을 수용하고 있다.[40]

증언의 정당화된 수용을 위하여 증언자의 정직성에 대한 평가가 필수적으로 요청된다는 인식론자들의 입론이 옳다면,[35] 성범죄 재판에서 고소인 진술의 신빙성을 평가하기 위하여 고소인의 정직성을 조사하는 것 역시 정당화된다. 그리고 그러한 조사는 고소인에 대한 다양한 신상조사background check를 통해서 이루어질 수밖에 없다. 고소인이 습관적으로 거짓말을 자주 했는지, 성범죄 고소를 통해서 취할 수 있는 별도의 사익이 존재하는지, 과거 무고의 전과가 있는지 등에 대한 조사는 고소인의 정직성과 직접적으로 관련이 있는 것이고, 따라서 그와 관련한 고소인에 대한 신상 조사는 필수불가결하다고 하겠다. 앞서 제1장에서 인용한 대법원 판결문에서 "[고소인 진술이] 이러한 증명력을 갖추었는지 여부를 판단할 때는…… 피해자의 성품 등 인격적 요소까지 종합적으로 고려하여야 한다"라든지 고소인이 "허위로 피고인에게 불리한 진술을 할 만한 동기나 이유가" 있는지 따져 봐야 한다는 문구는 고소인의 정직성에 대한 평가의 필요성을 대법원도 분명하게 인식하고 있다는 사실을 보여준다.

전술한 바와 같이 피고인이나 재판부가 어떤 이상적인 피해자상을 만들어 놓고 고소인이 그 피해자상에 부합하는지를 평가하기 위하여 고소인의 신상정보를 무차별적으로 조사하고 그것을 피고인 변론의 초점으로 삼는 것은 명백히 잘못되었다. 그러나 그렇다고 고소인 진술의 신빙성을 평가하기 위해 필수적으로 요청되는 고소인에 대한 신상조사조차 전면적으로 금기시하는 것 역

---

35 인식론자들은 증언자의 진실성뿐만 아니라 유능함도 평가의 대상이라고 주장하는데, 성범죄 재판의 맥락에서 고소인은 유능함에 대한 평가를 사소하게 충족한다. 성범죄 고소인이 성범죄 발생 전후의 사실관계에 대해 어느 누구보다도 잘 알고 있을 것이기 때문이다.

시 옳지 않다. 고소인의 성력, 과거 직업, 성적 지향, 의상 등과 같이 고소인의 정직성과 무관한 개인 신상을 무차별적으로 조사하고 그것을 변론의 초점은 삼는 것은 지양되어야 하겠지만, 그렇다고 고소인의 정직성에 대한 평가와 직접 관련이 있는 신상조사조차도 '피해자 보호'라는 미명하에 금기시하거나 혹은 '남성 중심적 시각'이라며 거부하는 것은 또 다른 부작용을 초래할 수밖에 없다는 것이다. 성범죄에 대한 최종적인 판결이 나기까지 성범죄 고소인은 오직 피해자로 추정될 뿐인데, 그가 진실로 피해자인지에 대한 최소한의 조사조차 금기시하는 것은 사법체계를 **나쁜 형태의 기만**에 노출할 것이기 때문이다.[36]

지금까지 우리는 고소인의 정직성에 대한 검토를 통하여 고소인 진술의 신빙성을 평가하는 방법에 대하여 살펴보았다. 안타깝게도 고소인의 정직성을 통하여 고소인 진술의 신빙성을 평가하는 방법은 그에 대한 충분히 효과적인 평가방법이라고 할 수는 없다. 고소인의 정직성이 고소인 진술의 신빙성에 대한 유용한 지침을 제공하는 것을 부인하긴 힘들지만 그 지침은 상당한 오류 가능성을 내포하고 있기 때문이다. 설혹 고소인이 습관적인 거짓말쟁이이고 현시점에 거짓말을 할 동기가 충분히 존재한다고 하더라도 그것이 고소인 진술이 거짓이라고 믿을 결정적인 증거가 될 수

---

36 지금까지 고소인 진술의 신빙성에 대하여 논의했지만, 그 논의는 피고인 진술의 신빙성에도 동일하게 적용된다. 고소인에 대하여 논의된 바와 마찬가지로, 피고인 진술의 진실성을 판단할 때 유관한 신상정보에 대한 조사는 그 진술의 신빙성을 판단하는 데 필수적이고, 그런 만큼 그러한 조사는 적극적으로 권장되어야 한다.

는 없다. 그러한 상황에서도 고소인이 참을 말하는 것이 얼마든지 가능하기 때문이다. 그런 점에서 고소인의 정직성은 고소인 진술의 신빙성에 대한 간접적인 지표일 수밖에 없다. 고소인 진술의 신빙성을 평가할 때 고소인의 정직성을 정황증거로 참고할 수 있겠지만 그것이 결정적인 지표는 아니라는 것이다.

이와 동일한 논점이 일관성에 대해서도 성립한다. 고소인이 자신이 성범죄의 피해자라고 일관성 있게 진술한다고 해도 그것이 고소인 진술이 참이라고 믿을 결정적인 이유가 되지는 못한다. 일관성 있게 거짓을 말할 수 있기 때문이다. 한편 성범죄 고소인 진술이 일관적이지 않다는 이유만으로 고소인 진술을 배척하는 것역시 옳지 않다. 고소인이 성범죄 당시의 심리적 충격 때문에 범죄 발생 전후에 대한 기억이 뚜렷하지 않을 수 있고, 그래서 고소인이 다소간 비일관적으로 진술할 수도 있기 때문이다. 여성주의 철학자 린다 앨코프Linda Alcoff는 최근 온라인 잡지《에이온Aeon Magazine》에 실린 기고문〈피해자는 말한다A Survivor Speaks〉에서 어린 시절 자신이 겪었던 강간 피해자로서의 실제 경험담을 통하여 이 점을 호소력 있게 서술하고 있다.[41] 이런 점에서 정직성과 마찬가지로 일관성 역시 고소인 진술의 신빙성에 대한 하나의 정황증거일 뿐 그에 대한 결정적인 증거로 간주하기에는 부족하다.

결론적으로 내가 제1장에서 성범죄 고소인 진술에 대한 신빙성을 평가할 때 고려될 수 있는 사항으로 언급한 것 중 정직성, 일관성, 남김없이 진술하기 등은 고소인 진술의 신빙성에 대한 간접적인 지표로 참고될 수는 있을지언정 결정적인 판단근거가 되기에는 부족함이 많다.

이 지점에서 좁은 의미의 피해자다움이 고소인 진술의 신빙성에 대한 한층 신뢰할 수 있는 지표로 기능한다는 점에 주목할 필요가 있다. 제2장에서 나는 좁은 의미의 피해자다움 개념과 동종 개념을 도입하고, 그들이 범죄가 발생한 것으로 추정된 시점 t 이후 고소인이나 피고인의 행위와 관련되며, 그들은 범죄와 그 행위 사이의 설명적 관계를 통해서 분석될 수 있다는 것을 보였다.

이러한 고소인/피고인 행적의 피해자다움/가해자다움은 고소인/피고인의 정직성에 대한 판단을 경유하지 않고 그들의 진술의 신빙성을 직접적으로 평가할 수 있게 해 준다. 강간죄의 고소인이 시점 t 이후에 곧장 경찰에 강간죄 신고를 했다면, 그 신고 행위는 그 자체로 피해자다움에 대한 기준 (V)에 따라 강간죄에 대한 피해자다운 행위로 판정될 것이고, 그에 따라서 자신이 강간죄의 피해자라는 고소인 진술에 대한 가장 직접적인 증거로 기능할 것이다. 그 고소인이 평소 거짓말쟁이인지에 대한 판단, 즉 그 고소인의 정직성에 대한 판단과 무관하게 그 신고 행위는 증거로 사용될 수 있다.

한편 강간죄의 고소인이 시점 t 이후에 피고인과 하루 종일 데이트를 즐겼다면 그 행위는 가짜피해자다움에 대한 분석 (FV)에 따라 강간죄에 대한 가짜피해자다운 행위로 판정될 것이고, 그에 따라서 자신이 강간죄의 피해자라는 고소인 진술을 부정하는 가장 직접적인 증거로 기능할 것이다. 이 역시 그 고소인의 정직성을 경유하지 않는 직접적인 방식으로 고소인 진술의 신빙성을 부정한다.

요컨대 고소인의 피해자다움이나 가짜피해자다움은 고소인의 정직성에 대한 평가를 경유하지 않는 방식으로 고소인 진술의 신빙성에 대한 판단의 증거로 기능한다. 이 지점에서 고소인의 피해자다움이나 가짜피해자다움이 어떻게 그러한 증거로서 기능할 수 있는지에 대하여 잠시 살펴보기로 하자.

어떻게 고소인의 피해자다움(예컨대 시점 t 이후에 곧장 경찰에 강간죄 신고를 하는 행위)이 자신이 강간죄의 피해자라는 고소인 진술의 신빙성을 높이며 어떻게 고소인의 가짜피해자다움(예컨대 시점 t 이후 피고인과 하루 종일 데이트를 즐기는 행위)이 고소인 진술의 신빙성을 낮추는 기능을 하는가?

피해자다움에 대한 분석 (V)에 따르면 고소인 A의 행위 S가 범죄 C에 대하여 피해자답다는 것은 [A가 C의 피해자이다]라는 가설하에서 S가 [A가 C의 피해자가 아니다]라는 가설하에서보다 더 잘 설명된다는 것이다. 앞에서 이야기한 것같이 우리는 이러한 피해자다움을, [A가 C의 피해자이다]라는 가설의 신빙성을 높이는 증거로 간주한다. 즉 [A가 C의 피해자이다]라는 가설이 고소인 A의 행위를 더 잘 설명한다는 사실이, [A가 C의 피해자이다]라는 고소인 진술의 신빙성을 높이는 증거로 기능한다는 것이다. 이것이 어떻게 가능한가?

최선의 설명에로의 추론

어떤 가설 H가 현상 P를 설명한다는 사실로부터 H가 참이라는 결론을 이끌어 내는 추론을 일반적으로 '귀추법abductive reasoning'이라고 한다. 특히 이러한 추론이 가설 H에 대한 신빙성 정도를 평가하는 절차로 간주될 때, 그것은 '최선의 설명에로의 추론inference to the best explanation'이라고 한다. 편의를 위해 이하에서는 'IBE'라 하자.[37]

미국 철학자 윌리엄 라이컨William Lycan은 IBE 모델을 다음과 같은 추론 패턴으로 정의한다.[42]

IBE$_1$. F$_1$…F$_n$은 설명이 필요한 사실들이다.

IBE$_2$. 가설 H는 F$_1$…F$_n$을 설명한다.

IBE$_3$. F$_1$…F$_n$을 H만큼 잘 설명하는 경쟁 가설이 존재하지 않는다.

IBE$_4$. 따라서 아마도 H는 참이다.

---

37 니닐루오토(Niiniluoto 1999)는 귀추법을 강한 종류의 귀추법(strong conception of abduction)과 약한 종류의 귀추법(weak conception of abduction)으로 구분한다. 약한 종류의 귀추법은 설명적 가설이 생성되는 추론 절차를 가리킨다. 즉, 약한 종류의 귀추법은 주어진 현상에 대하여 어떤 가설을 검토해야 할지에 대한 연구의 안내자로서의 역할을 하고, 그런 점에서 그것은 정당화의 맥락(context of justification)이 아닌 발견의 맥락(context of discovery)에서 작용하는 추론 패턴이다. 한편 강한 종류의 귀추법은 발견의 방법이 아니라 정당화의 방법이다. 그에 따르면 어떤 가설은 귀추법을 통해서 발견되면서 동시에 정당화된다. 이렇게 가설 정당화의 방법으로 귀추법을 이해할 때 그것을 철학자들은 곧잘 'IBE'라고 부른다. IBE에 대해서는 립턴(Lipton 2004)의 고전적 저작이나 스탠퍼드 철학 백과사전의 관련 항목(Douven 2017)을 참고.

고소인의 피해자다움이 [고소인이 C의 피해자이다]의 신빙성을 높인다는 것도 이 IBE 모델을 통해서 잘 포섭된다. 왜냐하면 고소인의 피해자다움이란 다름 아니라 [고소인이 C의 피해자이다]라는 가설이 고소인의 행위를 경쟁 가설보다 더 잘 설명한다는 것을 뜻하기 때문이다.

일상에서, 재판에서, 그리고 과학에서 IBE 모델은 거의 상시적으로 사용된다. 단지 우리가 그것을 명확한 추론의 형식으로 인지하지 않을 뿐이다. 갑자기 월차를 내고 병원에서 진료를 받는 철수를 상상해 보자. 그러한 철수의 행위에 대한 최선의 설명은 철수가 아프다는 것이다. 철수가 아프다는 가설하에서 철수의 행위를 가장 잘 설명할 수 있다. 그러한 설명적 사실에 근거하여 철수가 아프다는 가설에 높은 신빙성을 부여하는 것이 바로 IBE 모델의 핵심적인 아이디어이다. 유사하게, 검사는 범행 현장에 나타난 유력한 용의자 B의 혈흔, 그리고 범행 이후 피해자의 돈을 인출하는 B의 가해자다운 행동에 근거하여 B가 범행을 저질렀다는 가설에 높은 신빙성을 부여한다. 왜냐하면 그 가설이 B의 혈흔이나 B의 가해자다운 행동을 가장 잘 설명하기 때문이다. 마찬가지로 이전 학기까지 전교에서 100등 안에도 들지 못하던 쌍둥이 자매가 이번 학기에 동시에 전교 1등을 했고, 같은 과목에 대한 두 자매의 답안지를 비교해 보니 주관식 오답조차도 동일한 상황에서 우리는 그 학교 교무부장으로 재직하던 두 자매의 아버지가 시험 전에 미리 답안지를 빼돌려 두 자매에게 보여 주었다는 가설에 높은 신빙성을 부여한다. 왜냐하면 그 가설이 두 자매의 성적이 갑자기 수직으로 급상승하고 또 두 자매가 오답조차 일치하는 답안지를 제출했다는 기적 같은 현상을 가장 잘 설명하기 때문이다. 이는 모두 IBE 모델이 적용된 사례이다.[38] 실제로 아마야는 법적 추론 일반을 IBE 모델로 포착하며, 재판을 해당 사건에 대한 최선의 설명을 찾는 과정으로 이해할 것을 제안한다.[43]

과학자들이 과학 활동에서 IBE 모델을 보편적으로 사용할 뿐만 아니라 그것을 연역법이나 귀납법과 같은 전통적인 과학의 추론법과 대등한 수준의 타당성을 지닌 것으로 간주한다는 것은 잘 알려져 있다. 실제로 많은 과학철학자들은 IBE 모델이 과학 방법론의 정수라고 입을 모은다.[44] 저명한 과학철학자인 어난 맥뮬린 Ernan McMullin은 IBE 모델이 '과학을 만드는 추론inference that makes science'이라고 부르기까지 한다.[45]

20세기 초반 영국의 핵물리학자인 어니스트 러더퍼드Ernest Rutherford가 원자핵과 양성자를 발견하는 과정은 IBE 모델이 과학에서 어떻게 활용되는지를 잘 보여 준다. 러더퍼드는 매우 얇은 금박지gold foil에 알파입자를 발사했고, 금박지를 통과한 알파입자의 궤적을 관찰하였다. 그 결과 그는 대부분의 알파입자가 금박지를 아무런 궤적의 굴절 없이 그대로 통과한다는 사실, 몇몇 알파입자

---

38 폴 타가드(Paul Thagard 1989 ; 2003; 2006)와 존 조셉슨(John R. Josephson 2002)은 법적 추론에서 IBE 모델이 광범위하게 사용되고 있다는 것을 구체적인 사례를 들어 논증하고 있다.

의 궤도가 아주 작은 각도로 굴절한다는 사실, 그리고 매우 소수의 알파입자가 정반대 방향으로 튕겨져 나온다는 사실을 발견했다.

이로부터 러더퍼드는 금 원자를 이루는 대부분의 공간이 빈 공간이며, 금 원자는 그 질량의 대부분을 차지하는 원자핵을 가지고 있고, 그 원자핵은 양의 전하를 지닌다는 '원자핵 가설'을 제안하였다. 러더퍼드가 이러한 원자핵 가설을 제안한 것은 그 가설이 자신의 실험 결과를 가장 설명한다고 보았기 때문이다. 러더퍼드는 IBE 모델을 자신의 실험 결과에 적용했고 그로부터 원자핵 발견이라는 위대한 과학적 성취를 이룩했던 것이다.

러더퍼드 금박지 실험

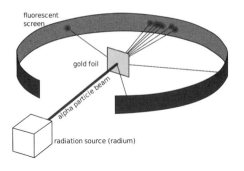

정리하자면 IBE 모델은 우리의 일상적 활동, 법적 활동뿐만 아니라 과학 활동을 가능하게 만드는, 인간의 인식론적 활동의 핵심을 이루는 추론 패턴 중 하나이다. 그런 점에서 비록 그 추론의 정확한 정식화나 그 추론의 궁극적 정당화에 대해서 철학자들 사이에 논란이 있을 수 있겠지만 그 추론의 타당성에 대하여 의문을 제

기하기는 힘들다.[39]

이러한 IBE 모형을 따를 때 [고소인이 C의 피해자이다]라는 가설이 고소인의 행위를 더 잘 설명한다는 사실은, [고소인이 C의 피해자이다]라는 가설을 지지하는 증거로 간주될 수 있다. 피해자다움에 대한 기준 (V)에 따라 고소인이 피해자다운 행위를 수행했다는 사실이 [고소인이 C의 피해자이다]라는 가설을 지지하는 증거로 기능한다는 것이다.

이처럼 (V)의 기준에서 피해자다운 행위가 자신이 성범죄의 피해자라는 고소인 진술의 신빙성을 높이는 것은 IBE라는 추론 패턴을 통해서 정당화된다. 이와 마찬가지로 (FV)에 따라 고소인이 가짜피해자다운 행위를 수행했다는 사실이 [고소인이 **C의 피해자가**

---

39 IBE 모델에 대한 궁극적 정당화를 찾는 과제는 결코 만만한 과제가 아니라는 것이 최근의 연구를 통해서 밝혀지고 있다. 반 프라센(van Fraassen 1989)은 그에 대한 가장 강력한 반론을 제기했는데, 그의 반론은 이후 철학자들 사이에서 커다란 논쟁을 촉발했다. 이에 대해서는 Kvanvig (1994); Harman(1997), Okasha(2000), Douven(2013), Climenhaga(2017) 등을 참고. IBE 모델에 대한 정당화 시도 중 특히 유망한 것은 IBE모델을 귀납을 통하여 정당화하는 것이다. 그 핵심적 아이디어는 물리학자 어니스트 러더퍼드의 원자핵 발견과 같은, IBE 모델이 적용된 성공적인 과거 사례들이 [IBE 모델이 신뢰할 만한 추론 패턴이다]라는 보편적 가설에 대한 귀납적인 정당화를 제공한다는 것이다. 마치 지금까지 아침에 동쪽에서 해가 뜬 사례들이 [아침에는 언제나 동쪽에서 해가 뜬다]라는 보편적 가설에 대한 귀납적 정당화를 제공하는 것과 마찬가지로 말이다. 이러한 방식으로 IBE 모델을 정당화하는 시도에 대해서는 Harré(1986), Bird(1998), Kitcher(2001), Douven(2002) 등을 참고. 이 시도가 흥미로운 것은 그에 따른 정당화가 법칙인과적 모형과 심적 시뮬레이션 모형에 대하여 동등하게 작동하기 때문이다. IBE 모델에 대한 귀납적 정당화는 IBE 모델에서의 설명이 자연과학적 설명인지 인문과학적 설명인지와 무관하게 성립한다는 것이다.

아니다]라는 가설을 지지하는 증거로 기능하는 것 역시 IBE 패턴을 통하여 이해될 수 있다. 고소인의 가짜피해자다운 행위는 [고소인이 C의 피해자가 아니다]라는 가설하에서 가장 잘 설명될 수 있기 때문이다. 이것이 고소인의 가짜피해자다운 행위가 [고소인이 C의 피해자이다]라는 고소인 진술의 신빙성을 낮추는 이유이다.

상세한 이해를 위하여 상해죄의 피해자 A를 다시 고려해 보자. A가 시점 t 이후에 고통을 호소하며 병원을 찾는 행위는 [A가 상해죄의 피해자이다]라는 가설하에서 가장 잘 설명되고, 그런 점에서 (V)는 그 행위를 피해자다운 행위로 판정한다. 그리고 그것이 피해자다운 행위인 한 우리는 그 행위를 자신이 상해죄의 피해자라는 고소인 진술에 유리한 증거로 간주할 수 있다. IBE 모델을 적용한 결과이다.

한편 A가 시점 t 이후에 어떠한 고통의 호소도 없이 철인3종 경기에 참여하는 행위는 [A가 상해죄의 피해자가 아니다]라는 가설하에서 가장 잘 설명되고, 그런 점에서 (FV)는 그 행위를 가짜피해자다운 행위로 판정한다. 그리고 그 행위가 가짜피해자다운 행위인 이상 그것은 IBE 모델에 따라 [A가 상해죄의 피해자가 아니다]라는 가설을 지지하는 증거로 기능한다. 그 행위가 자신이 상해죄의 피해자라는 고소인의 진술에 불리한 증거로 기능한다는 것이다. 이상에서 고소인의 피해자다움이나 가짜피해자다움에 대해서 논의했는데, 동일한 논의가 피고인의 가해자다움이나 가짜가해자다움에도 적용될 수 있다.

116

지금까지 우리는 고소인의 피해자다운 행위가 자신이 범죄의 피해자라는 고소인 진술에 유리한 증거로 기능하는 한편 고소인의 가짜피해자다운 행위가 그 고소인 진술에 불리한 증거로 기능할 수 있는 것은 철학자들이 'IBE 모델'이라고 부르는 추론 패턴을 통하여 정당화될 수 있음을 확인하였다. 그러한 피해자다운 행위나 가짜피해자다운 행위의 증명력이 그 타당성이 폭넓게 인정되는 IBE 모델을 통하여 이론적으로 뒷받침된다는 것이다. 이는 그러한 행위의 증명력이 **모종의 선입견이나 편견에서 비롯한 것이 아님**을 보여 준다.

앞서 우리는 성범죄 관련 법집행 과정에서 고소인 여성이 우범 지역을 서성였다는 사실이, 사건 당시 성적 자극을 줄 수 있는 옷을 입었다는 사실이, 과거 많은 성적 경험을 가졌다는 사실이, 사건 당시 음주 상태에 있었다는 사실이 자신이 성범죄의 피해자라는 고소인의 진술에 불리하게 작용하는 현상을 검토하였다. 그러나 앞서 내가 강조한 바와 같이 이것은 어떠한 추론적 정당성도 없는, 법집행자의 편견과 억측의 산물이다. 한편 고소인의 피해자다움이나 가짜피해자다움으로 고소인 진술의 신빙성을 평가하는 것은, 그러한 편견과 억측과는 근본적으로 다른, 일상이나 과학에서 무수히 검증된 추론 패턴에 따른 바이다. 그런 점에서 이상적 피해자상을 설정하고 고소인이 그 이상적 피해자상에 부합하지 않는다고 주장하며 고소인 진술의 신빙성을 공격하는 편견의 논리와 고소인의 피해자다움과 가짜피해자다움에 근거하여 고소인 진술의 신빙성을 평가하는 IBE 모델의 논리는 명확히 구분되어야 한다. 성범죄 법집행 과정에서 전자는 폐기되어야 하지만 후자는 적극적으로 수용되어야 한다.

이러한 나의 주장에 대하여 한 가지 반론이 가능한데, 김민정·권인숙·김선영은 그 반론의 핵심을 다음과 같이 서술한다.[46]

'소극적이고 상처가 큰 피해 여성'이라는 피해자의 전형은 피해자를 침묵시키는 데 크게 일조한다. 피해자다움 전형은 피해자 타자화를 전제하는데, 성폭력을 당한 여성은 더럽혀진 여자거나 기껏해야 무기력한 희생자이기에, 피해 인정과 회복의 과정에서 합의금을 요구하거나 혹은 취소하더라도 피해의 진정성을 의심받는다. 일상생활을 이전과 다름없이 잘 해내도 문제가 되고, 피해사실에 대해 침묵하거나 혹은 너무 많이 이야기하는 것도 피해의 진정성을 의심하게 하는 요건이 되며, 가해자와 관계를 끊지 않거나 혹은 너무 몰아세우는 경우 모두 피해 여성이 주체적이라는 이유로 피해의 진정성을 해치는 요건이 된다. 사건이 일어난 직후에 바로 증거를 수집하거나 병원에 찾아간 피해자의 행동 또한 너무 합리적이라는 이유로 "피해자답지 않다"고 의심받기도 한다.[40]

---

40 배상미(2017, p. 22)와 전해정(2018, p. 276) 역시 유사한 반론을 제기한다. 이 반론에 우호적인 내용을 담고 있는 언론 기사가 상당히 많지만 대부분 내용이 논증적으로 부실하여 이 책에서는 다루지 않는다.

김민정 등의 반론의 핵심 논점은 '피해자다움 개념을 통하여 고소인 진술의 신빙성을 평가하는 것은 그 개념이 남용될 위험을 내포하고 있다'는 것이다. 피해자다운 행위를 엄밀하게 규정하기가 힘들기 때문에 그것이 피해자를 배제하는 방식으로 남용된다는 것이다.

일상생활을 너무 잘 해도, 피해사실에 대하여 침묵해도, 혹은 너무 많이 이야기해도, 가해자와 관계를 끊지 않거나 혹은 가해자를 너무 몰아세워도, 피해사실에 대한 증거를 수집하여도, 병원을 찾아가도 '피해자답지 않다'고 의심받는 것은 피해자다움 개념이 남용되는 경우라고 하겠다.

성범죄 피해자라고 하더라도 일상생활을 잘 할 수 있고, 피해사실에 대하여 침묵할 수도 있고, 또 병원을 찾을 수도 있다. 실제로 위에서 김민정 등이 열거한 행위는 (각 피해자의 상황에 대한 한층 상세한 정보가 추가적으로 주어져야 최종적인 판단을 내릴 수 있겠지만) 대개 강간죄에 대하여 **피해자다운 행위이거나 피해중립적 행위**에 해당한다.

예를 들어 고소인이 시점 t 이후에 피해사실에 대한 증거를 수집하는 행위는 많은 경우 고소인이 성범죄의 피해자라는 가설하에서 가장 잘 설명될 수 있고, 그런 한에서 그 가설에 유리한 증거로 간주될 수 있다. 한편 고소인이 시점 t 이후에 일상생활을 잘 하거나 피해사실에 대하여 침묵하는 행위는 대개 고소인이 성범죄의 피해자라는 가설하에서나 고소인이 성범죄의 피해자가 아니라는 가설하에서나 동등하게 잘 설명되는 행위에 해당한다. 그 행위의 설명을 위해서 두 가설 중 하나가 굳이 더 선호될 필요가 없다는 말이다. 이는 그 행위가 피해중립적 행위에 해당한다는 것을 의미한다. 물론 각 행위가 피해자다운 행위인지 혹은 피해중립적 행위인지에 대한 최종적 판단은 각 사례에 대한 한층 정확하고 상세한 정보가 주어질 때에 비로소 가능할 것이다.

김민정 등이 주장하는 것처럼 피해자다움 개념이 남용될 가능성을 부정할 수는 없다. 그러나 그들이 남용될 수 있다는 이유만으로 피해자다움에 대한 고려를 성범죄 재판에서 완전히 배제하자고 주장하는 것은 지나치다. 피해자다움이 고소인 진술의 신빙성을 평가할 수 있는 가장 유력한 종류의 증거인 이상, 그것이 남용될 수 있다는 이유만으로 그것을 일절 폐기하자는 주장은 공권력이 남용될 수 있다는 이유만으로 공권력을 일절 폐기하자는 주장만큼 어불성설이다.

〈미투 1년, '피해자다움' 굴레는 아직도 사라지지 않았다〉라는 제목의 다음 신문 기사는 김민정 등과 동일한 오류를 범하고 있다.[41]

"가죽 재킷 같은 옷 말고, 웬만하면 여리여리하게 입고 법정에 가세요." 증인 출석을 앞두고 국선변호인이 충고했다. 일부러 빨간 바지를 입고 나가, 당당하게 증언했다. "피해자가 피해자답지 않네요." 피고

---

41 박다해·황예량, 《한겨레신문》, 2019. 1. 28.

인 변호사는 에스엔에스(SNS)에서 피해자가 웃고 있는 사진을 증거로 제출하며 말했다. "그럼 우울증에 걸린 피해자는 하루 24시간 웃지도 말고 울고만 있으란 건가요?" 음악인 김다은(가명) 씨는 성폭력 피해자에게 씌워지는 굴레인 '피해자다움'을 깨고 싶었다.

분명 이 기사에서 언급된 피고인 변호사는 피해자다움 개념을 남용하고 있다. 그러한 남용이 의도적이라면 그는 도덕적으로 비난받아 마땅하다. 그러나 그렇다고 그 사례로부터 피해자다움 개념이 무익하거나 쓸모없다는 결론이 따라 나오지는 않는다. 그로부터 우리가 이끌어 내야 할 교훈은 피해자다움 개념을 좀 더 정확히 그리고 명료하게 사용하기 위해 노력해야 한다는 것이다. 기사의 마지막 부분 "그럼 우울증에 걸린 피해자는 하루 24시간 웃지도 말고 울고만 있으란 건가요?"라는 김다은의 일갈은 그러한 노력의 일환으로 간주될 수 있다.

정리하자면 김민정 등의 반론은 피해자다움 개념이 남용되는 사례에만 주목하고 그것이 인식적으로 타당하게 사용되는 사례를 무시하는 오류를 범하고 있다. 그럼에도 그들의 반론, 그리고 위의 신문 기사는 우리가 결코 잊지 말아야 할 한 가지 중요한 가르침을 담고 있다. 그 가르침은 피해자다움 개념이 오용될 경우 피해자에게 엄청난 해악을 끼칠 수 있다는 것이다. 특히 피해자다운 행위를 어떤 특정 행위 패턴으로 보편적으로 규정할 경우 그것은 그 특정 행위 패턴을 따르지 않는 피해자에게 심각한 인식적인 해악을 끼치는 결과를 낳는다.

대표적으로 강간 피해자들이 강간 시도에 물리적으로 저항하는 행위 패턴은 강간죄에서 피해자다운 행위의 전형으로 자주 거론되지만, 실상 다양한 이유에서 그러한 물리적 저항이 발생하는 않는 강간의 사례도 다수이다. 2005년 대법원은 피해자의 적극적 저항이 없었다는 이유로 강간에 대해 무죄를 선고한 원심을 심리하면서, 피해자의 적극적 저항이 있어야만 강간이 성립하는 것은 아니라는 이유로 원심을 파기하는 판결을 내렸다.[42] 이 대법원 판결은 이후의 법원 판결에 심대한 영향을 미쳤는데, 최근의 법원은 피해자가 사력을 다하여 반항하지 않았다는 사정만으로 강간이 발생하지 않았다고 섣부르게 결론 내리지 않는 모습을 보인다. 긍정적인 변화이다.

이처럼 강간 피해자가 전형적인 행위 패턴을 따르지 않았다는 이유만으로 피해자답지 못하다고 말하고 그것을 근거로 그들의 진술의 신빙성을 기각하는 것은 옳지 않다. 만약 그들의 신빙성을 그런 근거에서 기각한다면 그것은 그들에게 커다란 인식적 해악을 끼치는 것과 다름이 없다. 김민정 등은 바로 이러한 인식적 해악의 위험성을 엄중히 경고한 것으로 볼 수 있다. 이런 점에 비추어 피해자다움 개념에 대한 그들의 논의로부터 우리가 진정 이끌어 내야 하는 교훈은 그 개념을 어떤 특정 행위 패턴으로 규정하지

---

42 대법원 2005.7.28. 선고 2005도3071 판결.

않는 방식으로 명료하게 이해하고 적용함으로써 그 개념의 남용 가능성을 사전에 차단해야 한다는 것이다. 고소인 진술의 신빙성을 평가하기 위한 수단으로서 피해자다움 개념을 완전히 폐기하는 것은 정답이 될 수 없다는 말이다.[43]

이번 장의 내용을 간단히 정리하면 다음과 같다. 우리 사회가 성범죄 피해자에 대하여 가지고 있는 선입견과 편견에 근거하여 이상적 피해자상(즉, 넓은 의미의 피해자다움)을 설정하고, 그것에 조금이라도 어긋나는 고소인을 피해자답지 못하다고 평가하면서 고소인 진술의 신빙성을 기각하는 행태에 대한 여성주의자들의 우려는 분명 공감할 부분이 많다.

그러나 이상적 피해자상에는 실상 다양하고 이질적인 요소가 포함되어 있다. 물론 그중에는 성범죄 피해자에 대한 부적절한 스테레오타입과 억측이 포함되어 있고, 그것의 영향을 성범죄에 대한 법집행 과정에서 배제하자는 주장에 대하여 이견이 있기 힘들다. 그러나 이상적 피해자상이 모두 부적절한 억측과 편견으로만 이루어진 것은 아니다. 특히 고소인의 정직성을 평가할 수 있는 여

---

43 〈서지현 '피해자다움' 따위는 없다〉는 제목의 인터뷰 기사에서 성범죄 고소인 서지현은 "피해자를 괴롭히는 것은 '피해자다움'에 대한 요구였다"라고 말하며 '피해자다움' 따위는 없다고 강조한다(박정연,《프레시안》, 2019. 1. 29.). 당연히 고소인 입장에서는 법정이 자신의 진술을 곧이곧대로 믿어 주지 않고 그에 대한 신빙성을 꼼꼼히 따지는 것은 불편할 수밖에 없다. 피해자다움에 대한 서지현의 반감이 이해가 되는 대목이다. 그러나 법정에서 자신의 진술을, 그 신빙성에 대한 아무런 검증 없이, 일방적으로 믿어 달라고 요구하는 것이 법적인 특권을 요구하는 것이다. 서로 이해관계가 첨예하게 상충하는 법정에서 자신의 주장을 증명할 부담은 고소인과 피고인 모두 동등하게 짊어져야 한다.

러 고려사항(예컨대 고소인이 습관적으로 거짓말을 해 왔는지, 고소인이 거짓을 진술할 동기를 가지고 있는지, 고소인이 무고를 남발하는지 등)은 고소인 진술의 신빙성을 평가할 수 있는 합당한 인식론적 근거이다.

한층 중요한 것은 시점 t 이후 고소인의 행위가 좁은 의미의 피해자다움의 요건을 충족하는지이다. 이것이 중요한 이유는 그것이 고소인의 정직성에 대한 평가를 경유하는 간접적인 방식이 아닌 가장 직접적인 방식으로 고소인 진술의 신빙성을 판단할 수 있는 합당한 인식적 근거를 제공해 주기 때문이다. 그 합당성은 그것이 IBE의 추론 패턴을 따른다는 사실에서 말미암는다.

결론적으로 이상적 피해자상에 대한 여성주의자의 비판에는 분명 타당한 부분이 없지 않지만 그렇다고 성범죄 재판에서 고소인의 행위가 피해자다웠는지 묻는 것 자체를 전면적으로 거부하는 것은 곤란하다. '남성 중심적 시각', '가부장적 사회'에 대한 부정은 이상적 피해자상의 거부로 충분하다. 성범죄 재판에서 고소인 진술의 신빙성을 판단하는 것이 필수불가결한 상황에서 좁은 의미의 피해자다움이 그 판단에 대한 가장 정보적이면서 동시에 합리적인 근거이다. 그것마저 '피해자보호'나 '2차 가해'를 언급하며 거부하는 것은 법치국가의 사법적 절차를 부정하는 것으로 오해받기 십상이다. 성범죄 재판에서 진술증거의 신빙성에 대한 공정한 판단은 그러한 절차의 핵심이기 때문이다.

제6장

안희정 전 충남지사 사건과
위력에 의한 간음죄

위력에 의한 간음죄에 대한 한 가지 해석

　　　　　성범죄 재판에서의 피해자다움이 우리 사회의 공론장에서 인화성 높은 주제어로 등장하게 된 계기가 자신의 수행비서 김지은을 성폭행한 혐의로 재판을 받고 있는 안희정 전 충남지사의 사건이었음을 부인하기 힘들다. 한때 주요 대선 후보로 거론되던 안희정의 성폭력 사건은 전 사회의 주목을 받기에 충분했다. 그리고 그것은 맹렬한 사회적 논란을 야기했는데 사법부 역시 1심과 2심이 극단적으로 상반된 판단을 내리며 그 논란에 대한 사회적 합의를 이끌어 내는 데 실패하였다.

　이런 점을 고려하며 이번 장에서 나는 이상에서 제시한 피해자다움에 대한 분석의 사례 연구로서 안희정 사건을 검토하고자 한다. 안희정 사건의 공소사실과 관련 있는 고소인 김지은과 피고인 안희정의 모든 행위를 이번 장에서 다 살펴볼 수는 없다. 이번 장에서는 안희정 사건에서 가장 많은 논란을 낳은 김지은의 행위 하나를 선별하여 그것의 피해자다움을 평가할 것이다.

논의의 출발점은 해당 범죄를 확정하고 그 본성을 명확히 이해하는 것이다. 안희정 사건의 공소사실에 나타나는 범죄는 세 가지로, 업무상 위력에 의한 간음, 업무상 위력에 의한 추행, 강제추행이다. 그중에서 형량도 가장 높고 사회적으로 논란도 가장 많았던 **업무상 위력에 의한 간음**에 집중하기로 하자. 이는 이제부터 고려할 피해자다움은 업무상 위력에 의한 간음죄에 대한 피해자다움임을 의미한다.

이러한 피해자다움에 대한 정확한 이해를 위해서는 업무상 위력에 의한 간음죄가 무엇인지, 그것의 보호법익이 무엇인지, 어떤 조건하에서 그 보호법익이 침해되었다고 봐야 하는지 등을 명확히 확정할 필요가 있다. 아쉽게도 업무상 위력에 의한 간음죄를 어떻게 해석할 것인지에 대하여 법이론가들 사이에 아직 만족스러운 합의가 존재하지 않는다. 편의상 이하에서는 필자 자신의 해석을 가정할 것인데, 그에 대한 상세한 내용은 제2부 〈자기파괴적 의사와 위력에 의한 간음〉에서 자세히 설명될 것이다.

현행 형법에서 업무상 위력에 의한 간음을 처벌할 수 있는 법률 조문은 형법 제303조 제1항의 업무상 위력 등에 의한 간음죄 조문이다. 그 조문은 "업무, 고용 기타 관계로 인하여 자기의 보호 또는 감독을 받는 사람에 대하여 위계 또는 위력으로써 간음한 자는 7년 이하의 징역 또는 3,000만 원 이하의 벌금에 처한다"라고 적시하고 있다. 이 조항이 보호하고자 하는 법익은 피보호자나 피감독자의 성적 자유, 혹은 성적 자기결정권이다. 보호감독을 받는 지위로 인하여 피보호자 혹은 피감독자의 성적 자유가 부당하게 침해되는 것을 막는 것이 본 조항의 취지라는 말이다.

이 조항이 적용되기 위해서는 먼저 가해자가 업무, 고용 기타 관계에 따라서 피해자를 보호 또는 감독하는 위치에 있어야 한다. 다음으로 간음이 위력에 의해 발생해야 하는데, 여기서 '위력'이란 피해자의 자유의사를 제압하기에 충분한 일체의 세력을 가리킨다.

업무상 위력에 의한 간음죄의 해석에서 핵심적인 논쟁점은 어느 조건하에서 그 보호법익에 해당하는 피해자의 성적 자기결정권이 침해당한 것으로 간주할 것인가라는 질문으로 모아진다. 그런데 이것이 매우 어려운 질문인 것이 위력에 의한 간음이 발생하는 대다수의 경우 가해자는 피해자에 대하여 막강한 권세를 갖는 덕분에 굳이 폭력이나 협박을 사용하지 않아도 피해자가 성관계에 대한 요구를 거부하거나 저항할 수 없게 만들 수 있기 때문이다. 피해자가 아무런 폭력이나 협박이 없음에도 가해자의 권세 때문에 성관계에 자발적으로 동의한다는 것이다.

실제로 김지은은 이것이 자신과 안희정 사이에 있었던 성관계의 진실이라고 재판에서 일관되게 주장하고 있다. 이러한 경우 어떤 법이론적 근거에서 가해자를 업무상 위력에 의한 간음죄로 처벌할 수 있는가? 이 질문에 대한 충실한 답변을 위해서는 그 보호 법익에 해당하는 성적 자기결정권이 어떤 조건하에서 침해되었는지에 대한 면밀한 검토가 필수적이다. 사실 업무상 위력에 의한 간음죄에 관한 대다수 학술논문은 그 범죄와 성적 자기결정권 사이의 관계에 대하여 충분히 주목하지 않았고, 나는 그것이 그 주제에 대한 법이론적 논의가 별다른 학문적 진전을 성취하지 못한 이유라고 믿는다.

회사에서 여직원이 자신의 승진을 유도하기 위하여 사장을 명시적이고 명확한 방식으로 유혹하자, 사장은 그에 호응하며 여직원에게 성관계를 요구하고, 그래서 여직원이 사장과 아무런 저항 없이 자발적으로 성관계를 갖는 경우를 상상해 보자. 그 사장은 업무상 위력에 의한 간음죄를 범했는가? 여직원은 사장과 업무상 보호 감독 관계에 있다. 그리고 사장이 사장으로서의 위력을 지녔기 때문에 사장과 여직원 사이에 성관계가 발생했다. 그러나 이 경우 업무상 위력에 의한 간음죄을 적용하는 것이 개운치 않다. 그렇다면 이 경우와 우리가 그 범죄가 발생한다고 간주하는 전형적인 경우의 차이는 무엇인가? 업무상 위력에 의한 간음죄를 논하는 대다수 학술논문은 이 질문을 회피하거나 혹은 검증되지 않은 '직관'에 호소할 뿐이다.[44]

---

44 전해정(2018)과 김태명(2018) 등이 그러한 학술 논문의 대표적 사례이다.

나는 그 질문이 반드시 적절히 답변될 필요가 있고, 그 답변은 어느 조건하에서 피해자의 성적 자기결정권이 침해되는지에 대한 면밀한 탐구를 통해서 가능하다고 본다. 바로 이 대목에서 나는 현대의 철학적 인간학이 그러한 탐구에 훌륭한 이론적 자원을 제공해 준다고 제안한다.

위력에 의한 간음죄에 대한 나의 해석을 설명하기 위해서 먼저 미국의 도덕철학자 해리 프랭크퍼트Harry Frankfurt의 '의지적 한계 volitional necessity' 개념[47]을 도입할 필요가 있다. 인격체가 그 자신의 실천적 정체성practical identity을 유지하는 한 차마 실행할 수 없는, 좀 더 정확히는 차마 그것을 실행할 의지를 도저히 형성할 수 없는 종류의 행위들이 있다. 분명 신체적, 인지적, 사회·경제적, 법적인 측면에서 모든 능력을 갖추었음에도 불구하고 그가 차마 실행할 의지를 형성하지 못하는 행위는 그의 의지적 한계를 규정한다. 그가 의지할 수 있는 것과 그가 의지할 수 없는 것 사이에 경계선이 형성되고, 그 경계선에 의하여 그 인격체의 의지적 본성이 정의되는 것이다.

예를 위해 인질범에게 자녀를 유괴당한 부모를 생각해 보자. 자녀가 유괴된 상황에서 인질범의 요구에 무작정 따르는 부모의 모습은 그 부모의 의지적 한계를 규정한다. 그 부모가 인질범의 요구를 거절할 인지적, 사회·경제적, 혹은 법적 능력이 없기 때문에 인질범의 요구를 거절하지 못하는 것이 아니다. 인질범의 요구를 거절하지 못하는 것은 그러한 능력의 존재에도 불구하고 그 요구를 거절할 의지를 형성하지 못하는 부모의 의지적 한계 때문이다. 자녀를 유괴당한 부모는 자녀에 대한 사랑을 결코 포기할 수 없었고, 그 사랑이 인질범의 요구를 거절하는 것을 불가능하게 만드는 의지적 한계를 설정하였다. 그리고 그러한 의지적 한계는 그 부모가 자신들의 참된 자아의 일부로 긍정하고 승인하는 심적 요소라는 점에서 그들의 의지적 본성을 정의한다. 자녀를 헌신적으로 사랑하는 존재, 그 사랑 때문에 인질범의 요구를 거절할 의지를 감히 형성할 수 없는 존재, 그것이 바로 그 부모의 본질을 정의한다는 것이다.

이러한 프랭크퍼트의 의지적 한계 개념을 활용하여 업무상 위력에 의한 간음죄에 대한 나의 해석을 제시하면 다음과 같다. 영희가 위력에 의한 간음의 피해자라고 할 때, 성적으로 호감을 느끼지 않는 사람과 성관계를 갖는 것은 영희가 차마 그에 대한 의지를 형성할 수 없는 행위라는 의미에서 영희의 의지적 한계 너머에 있다. 그러한 성관계를 거부하려는 영희의 의지는 영희의 의지적 본성에서 말미암은 것이란 말이다.

따라서 누군가 그러한 성관계를 위압하는 것은 영희에게 자신의 의지적 한계를 넘어설 것을, 자신의 의지적 본성을 포기할 것을 위압하는 것이다. 따라서 만약 누군가의 위압에 의하여 영희가 어쩔 수 없이 성적으로 호감을 느끼지 않는 이와의 성관계를 의지해야 한다면 그것은 영희의 자기부정이자 자기배신이고, 바로 그런 의미에서 그 의지는 영희라는 한 인격체의 자아를 파괴하는 '자기파괴적 의지'이다. 성관계에 대한 영희의 의지가 이러한 의미의 자기파괴적 의지인 경우에 한해서, 영희는 그 성관계에서 성적 자기결정권을 행사하지 못했다는 것이 나의 핵심 주장인데, 이 주장은 제2부에서 엄밀히 논증될 것이다. 이 주장에 기반하여 업무상 위력에 의한 간음죄에 대한 나의 해석을 제시하면 다음과 같다:[48]

가해자와 피해자 사이에 보호 감독 관계가 있고 가해자와 성관계를 갖고자 하는 피해자의 의사가 가해자의 위력에 의해 형성된 자기파괴적 의사라고 하면 위력에 의한 간음죄의 구성요건이 충족되는 것으로 해석해야 한다는 제안이다. 피해자가 자발적으로 가해자와의 성관계에 임했는지, 피해자가 가해자와의 성관계에 대해서 저항을 했는지, 피해자가 가해자와의 성관계를 명시적으로 혹은 암묵적으로 동의했는지는 모두 핵심에서 벗어난 논점이다. 핵심은 성관계에 대한 피해자의 의지가 자신의 의지적 본성에 반한다는 사실이다. 그처럼 피해자의 의지가 자신의 의지적 본성에 반하는 한 피해자는 성관계에 임할 때 자신의 성적 자기결정권을 박탈당하고, 이는 위력에 의한 간음죄의 보호법익이 침해된다는 것을 뜻한다.

앞서 위력에 의한 간음죄에 대한 해석의 어려움을 강조하며 여직원이 자신의 승진을 위하여 사장을 유혹하여 성관계를 갖는 경우를 언급했는데, 나의 해석은 그 경우에 우리의 법 상식에 부합하는 판단을 내린다.

여직원이 자신의 승진을 위하여 어떠한 오해도 발생할 수 없는 방식으로 사장을 성적으로 유혹한다면 그것은 그 여직원에게는 사장과의 성관계에 대한 의지가 자기파괴적 의지가 아님을 뜻하기 때문이다. 그리고 그 의지가 자기파괴적 의지가 아닌 이상 사장과 여직원 사이에는 위력에 의한 간음이 발생하지 않은 것이다. 설혹 그 둘 사이에 보호 감독 관계가 성립하고, 게다가 그 성관계가 여직원의 승진 여부에 대한 사장의 결정권, 즉 사장의 위력 때문에 발생했다고 해도 그러하다. 요컨대 위력에 의한 간음죄의 적용에서 중요한 것은 성관계에 참여하는 인격체의 의지가 자기파괴적 의지인지라는 것이다.

지금까지 위력에 의한 간음죄에 대한 나의 해석을 소개했는데, 이제부터는 이러한 나의 해석하에서 그 범죄에 대한 피해자다움을 어떻게 이해해야 하는지에 대해 논해 보자. 먼저 피해자가 자기파괴적 의지를 갖는 것이 피해자에게 어떤 심리적 영향을 미치는지를 면밀히 살펴볼 필요가 있다. 앞서 서술한 바와 같이 자기파괴적 의지가 자기파괴적인 것은 피해자의 의지적 본성을, 혹은 하버드대학교 철학과 크리스틴 코스가어드Christine Korsgaard 교수의 표현을 사용하면, 피해자의 실천적 정체성practical identity을 파괴하기 때문이다. 자신의 실천적 정체성을 보존하고자 하는 인간의 본능적 욕구desire for self-preservation에 비추어 그러한 자기파괴가 피해자를 극단적이고 지속적인 심리적 파국으로 이끌 것이라고 짐작할 수 있다.

실제로 나는 만약 누군가 어떤 행위를 수행할 때 그러한 심리적 파국을 조금도 경험하지 않았다면, 그 행위를 수행할 때 어떠한 내면적인 불화도 일절 경험하지 않았다면, 과연 그 행위가 자기파괴적 의사에 의해서 수행되었다고 볼 수 있는지 의문이다. 어떤 행위가 자기파괴적 의사에 의해 수행된다는 것과 피해자가 심각한 심리적 파국을 경험한다는 것 사이에는 준논리적quasi-logical 관계가 있다는 것이다.

이러한 나의 논점은 프랭크퍼트나 코스가어드에 의해서도 지지된다. 프랭크퍼트는 자기파괴적 의지를 통하여 인격체는 자신의 의지적 본성에 반하는 자기배신적 행위를 수행하게 되고, 그에 따라 그 인격체는 자기 자신에게 극단적인 심리적 상처drastic psychic injuries를 자초하는 비극을 경험하게 된다고 경고한다.[49] 프랭크퍼트의 말을 직접 들어 보기로 하자. "이런 종류의 비극은 후속작으로 이어지는 경우가 드물다. 비극적 영웅의 의지적 통일성이 회복 불가능하게 훼손되고, 따라서 어떤 의미에서 그가 더 이상 존재하지 않는다고 말할 수 있기 때문이다. 그렇기에 그의 이야기는 더 이상 지속될 수 없다."[50]

유사한 논점을 코스가어드에게서도 발견할 수 있는데, 그녀는 자기파괴적 의사가 우리 자신의 통일성과 정체성을 잃게 하며, 우리가 더 이상 우리가 아니게 만든다고 강조한다.[51] 코스가어드는 극단적으로 "이는 실천적인 의미에서 죽는 것과 마찬가지인, 어쩌면 죽음보다 더 참혹한 것이다 It is to be for all practical purposes dead or worse than dead"라고까지 말한다.

위력에 의한 간음죄의 범죄성을 그것이 피해자에게 자기파괴적 의사를 유도한다는 사실에서 찾는 나의 해석에서 위의 논의는 위력에 의한 간음죄의 피해자가 자기부정과 자기배신으로부터 오는 극단적인 심리적 파국을, 죽음보다 더 혹독한 비극을 경험한다는 것을 함의한다. 그만큼 위력에 의한 간음죄는 중죄라는 뜻이다.

김지은의 문자메시지

안희정 사건의 공소사실에 따르면 안희정은 2017년 7월부터 2018년 2월까지 총 10회의 위력에 의한 간음 및 추행 그리고 강제추행을 범했다. 특히 내가 관심을 갖는 2017년 9월까지 안희정은 총 3회의 위력에 의한 간음과 5회의 강제추행을 저지른 것으로 되어 있다. 여기서 내가 2017년 9월에 주목하는 이유는 재판부에 제출된 증거에 따르면 김지은은 그 시점 이후 약 4개월 동안 제삼자에게 다음과 같은 문자메시지를 보냈기 때문이다.

(1) "지사님 말고는 아무것도 절 위로하지 못하는 것 같다"(2017년 9월 15일)

(2) "사장님(안 전 지사를 지칭) 때문에 참는다", "너무 행복하게 일했

다" (2017년 11월 24일)

(3) "큰 하늘(안 전 지사를 지칭)이 나를 지탱해 주니까 그거 믿고 가면
된다" (2017년 12월 16일)

안희정에 대한 존경, 신뢰, 애착을 드러내는 김지은의 이 메시지
가 과연 피해자다운 행동인지에 대해서 인터넷 게시판과 소셜 미
디어에서 격렬한 논쟁이 벌어졌다는 것은 주지의 사실이다. 앞에
서 공들여 제안한 피해자다움에 대한 분석 (V)와 업무상 위력에
의한 간음죄에 대한 나의 해석은 이 논쟁에 어떤 유익한 논점을 제
시할 수 있을까? 나는 그렇다고 믿는다.

그 논점에 대한 본격적인 논의 이전에 두 가지 사항을 분명히 밝
힐 필요가 있다. 첫째, 위에서 언급된 김지은의 문자메시지는 그들
이 전송된 전체 맥락을 벗어나는 방식으로 취사·선택된 것이 아니
다. 그 문자메시지들은 그것들이 전송된 대화의 전체 맥락과 부합
하는 내용을 담고 있다는 뜻이다. 가령 2017년 9월 15일의 전체
문자 대화는 다음과 같다.

[김지은] 전 다른 건 안보이고 지사님 편하게 하고 싶은게..잘 모르겠
       어요. 저 이용당하다 버려질 것 같아요.

[지 인] ㅋㅋㅋ별 소릴 다하네 이시키가 ㅋㅋ

[김지은] 내가 주말이든 아침밤이든 공휴일이든 지사님 위해 다함께
       하는게 행복하고 즐거워서 하는 거긴 한데. 음 지사님 말고

는 아무것도 절 위로하지 못하는 거 같아요.

전체 대화를 살펴볼 때 김지은이 안희정에 대하여 호의적인 심경을 피력하고 있다는 사실을 부인하기 힘들다. 이처럼 앞서 제시한 세 개의 문자메시지는 그것들을 전송할 당시 김지은의 심경을 대체로 정확히 드러내고 있다.

본격적 논의에 앞서 명확히 밝혀야 할 두 번째 사항은 2017년 9월경 김지은이 어떤 정신질환을 앓았다거나 혹은 일반인이 공유하는 이유의 공간을 벗어났다고 볼 이유가 전혀 없다는 것이다. 이와 관련하여 안희정 사건에 대한 1심 재판부와 2심 재판부가 김지은이 학습된 무기력 상태에 놓였는지에 대하여 서로 상반된 판단을 내렸다는 사실은 흥미롭다. 안희정 사건의 공소사실에 따르면 안희정이 일련의 성폭행을 시작할 즈음인 2017년 7월경 김지은은 또 다른 인물로부터 성추행을 당했다. 안희정의 운전을 담당하던 비서가 김지은에게 부적절한 신체접촉과 벌언을 했던 것이다. 김지은은 이 운전비서의 성추행에 대해서 안희정 측근에게 문제제기를 했지만 그것을 적극적으로 해결하려는 움직임이 뒤따르지 않았다. 보도에 따르면 이러한 경험 이후 김지은은 안희정의 성폭행을 폭로하면 '나만 잘리고 말겠구나', '나만 이상한 여자가 되겠구나'라고 생각했다고 한다.[45]

그런데 1심 재판부와 2심 재판부는 이러한 김지은의 심리상태

---

45 전형우, 〈안희정 2심 판결문 입수… '학습된 무기력'〉, 《SBS 뉴스》, 2019. 2. 3.

가 학습된 무기력 상태인지에 대하여 서로 상반된 의견을 피력한다. 1심 재판부는 김지은이 운전비서의 성추행을 문제 삼았다는 것을 그녀가 학습된 무기력 상태에 빠지지 않았다는 것을 보여 주는 증거로 간주한 반면 2심 재판부는 그 경험을 통하여 김지은이 안희정의 성폭행을 폭로하는 것을 머뭇거리는 상태에 이르렀다고 여기며 김지은이 학습된 무기력 상태에 빠졌다고 판단한다.

1심 재판부와 2심 재판부가 김지은이 학습된 무기력 상태에 빠졌는지에 대하여 이견을 보인 것은 두 재판부가 명확한 개념 정의 없이 '학습된 무기력' 개념을 사용한 데서 기인했을 가능성이 크다. 두 재판부가 학습된 무기력 개념을 서로 다르게 이해하고 사용했을 개연성이 높다는 것이다. 그에 대해 시시비비를 가리는 것은 심리학자들의 몫으로 남겨 두자.

철학자인 내가 이 지점에서 주목하고 싶은 바는 1심 재판부와 2심 재판부 중 누가 옳고 그르든 운전비서의 성추행에 대하여 김지은이 보인 반응은 우리가 충분히 이해할 수 있는, 납득할 수 있는 행위라는 것이다. 운전기사의 성추행을 문제 제기해도 그에 대한 적절한 조치가 취해지지 않는 것을 경험한 이후 안희정의 성폭행을 폭로하는 것에 대하여 무기력을 느꼈다는 김지은의 진술은 우리가 공감할 수 있는, 재경험화할 수 있는 바이기 때문이다. 그런 점에서 김지은이 실제로 학습된 무기력 상태에 빠졌는지와는 무관하게 김지은이 일반인이 공유하는 이유의 공간을 벗어나지 않았다는 것은 부정할 수 없다. 일반인과 마찬가지로 그녀 역시 주관적 관점에서 적절한 것으로 파악될 수 있는 혹은 합리화될 수 있는 행위를 의도적으로 수행했다는 것이다. 그런 만큼 우리는 왜 김지은이 앞서 언급한 바의 문자메시지를 보냈는지 정당하게 질문할 수 있다. 김지은의 문자전송 행위에 대한 공감적 이해를 합당하게 탐색할 수 있다는 것이다.

피해자다움에 대한 분석 (V)에 따르면 고소인의 행위가 피해자답다는 것은 [고소인이 피해자이다]라는 가설하에서 그 행위가 [고소인이 피해자가 아니다]라는 가설하에서보다 더 잘 설명되고 이해된다는 뜻이다. 그렇다면 핵심 질문은 김지은이 위력에 의한 간음죄의 피해자라고 가정할 때 김지은의 문자메시지가 얼마나 잘 이해되고 설명되는가이다. 여기서 행위 설명에 대한 논의를 담은 제3장과 제4장의 내용을 간단히 상기해 보자.

행위 설명에 대한 법칙인과적 모형과 심적 시뮬레이션 모형을 종합한 원치욱의 이론에서 어떤 행위자의 행위가 설명 가능하기 위해서는 원치욱의 세 가지 조건 (W_1), (W_2), (W_3)을 충족하는, 특히 그중 가장 실질적인 조건이라고 할 수 있는 (W_2)를 충족하는 심리 상태 R을 그 행위자에게 상정하는 것이 그럴듯해야 한다. 그리고 이는 설명자가 그 행위자의 행위를 시뮬레이션하는 것이 얼마나 용이한지에 의해, 다시 말해 설명자가 그 행위에 대하여 행위자와 공감적 일체화를 성취하는 것이 얼마나 용이한지에 의해 결정된다.

이러한 행위 설명의 관점에서 김지은의 문자메시지의 피해자다움과 관련하여 우리가 물어야 할 질문은 설명자가 김지은의 경험을 얼마나 용이하게 재연할 수 있는지, 얼마나 김지은에 대하여 공감적 일체화를 달성할 수 있는지이다. 위력에 의한 간음죄에 대한 나의 해석하에서 피해자는 자기부정, 자기배신과 같은 극단적인 심리적 파국을 경험한다. 김지은이 위력에 의한 간음죄의 피해자라는 가설이 옳다면 이는 김지은이 그러한 심리적 파국을 경험하던 시기에 다른 누구도 아닌 그 파국을 초래한 당사자인 안희정에 대한 존경, 신뢰, 믿음을 표현하는 문자메시지를 지인에게 보냈다는 것을 의미한다.

다시 말해 김지은은 자신에게 '죽음보다 더 참혹한' 파국을 안겨 준 안희정에 대한 존경, 신뢰, 믿음을 표현하는 문자메시지를 제삼자에게 보냈다는 뜻인데 이러한 김지은에 대하여 우리는 과연 용이하게 공감적인 이해를 달성할 수 있을까? 그런 문자메시지를 보내기까지 김지은이 수행했을 실천추론을 우리가 수렴 조건을 충족하는 방식으로 시뮬레이션할 수 있을까? 나는 불가능에 가깝다고 본다.

혹시라도 그 문자메시지가 제삼자에게 보내진 것이 아닌 안희정에게 보내진 것이었다면 우리는 김지은의 문자메시지를 좀 더 용이하게 이해할 수 있을지도 모른다. 안희정이 김지은에 대한 임면권을 가진 이상 김지은은 안희정에게 자신의 진심을 숨기며 안희정의 비위를 맞출 필요가 있었고, 그렇기에 위와 같은 문자메시지를 보낼 수밖에 없었다고 해석할 여지가 있기 때문이다.

그러나 실상 김지은의 문자메시지는 자신의 진심을 숨길 필요가 없는 제삼자에게 보내진 것이었다. 그러한 문자메시지에서 자신에게 씻을 수 없는 심리적 상처를 준 이에 대하여 존경과 흠모를 표현한다는 것은 적어도 일상적인 사람이 살아가는 이유의 공간 안에서는 결코 이해될 수 없는 것이다. 김지은이 위력에 의한 간음의 피해자라는 가설하에서 그녀의 문자메시지가 설명되거나 이해되지 않는다는 것을 의미한다.

한편 김지은이 위력에 의한 간음의 피해자가 아니라는 가설하에서 그녀의 문자메시지는 손쉽게 이해된다. 그 가설에 따르면 김지은은 자기파괴적 의사가 아닌 자유로운 의사에 따라 안희정과 성관계를 가졌다. 이는 김지은이 안희정에 대하여 존경, 신뢰, 믿음의 태도를 지녔다는 가정과 양립 가능하다. 그리고 그러한 가정하에서 김지은의 문자메시지는 김지은이 제삼자에게 자신의 진심을 밝히는 것으로 간주될 수 있다. 김지은의 문자메시지에 대한 설명자가 이러한 실천추론을 시뮬레이션하는 데는 어떠한 어려움도 없다. 이는 [김지은이 위력에 의한 간음죄의 피해자가 아니다]라는 가설하에서, 김지은의 문자메시지가 [김지은이 피해자이다]라는 가설하에서보다 더 잘 설명되고 이해된다는 것을 뜻한다.

만약 그러하다면, 나의 (V)와 (FV)에 따라 김지은의 문자메시지는 업무상 위력에 의한 간음죄에 대하여 단순히 피해자다운 행위가 아닐 뿐만 아니라 실상 가짜피해자다운 행위라는 결론을 얻게 된다. 자신이 업무상 위력에 의한 간음죄의 피해자라는 김지은의 고소인 진술의 신빙성을 치명적으로 훼손한다는 뜻이다.

안희정 사건 1심 재판부는 김지은의 문자메시지에 대하여 필자와 유사한 판단을 내렸다. 1심 판결문은 "피해자는 수행비서직을 수행하는 내내 업무관련자와 피고인뿐만 아니라, 굳이 가식의 태도를 취할 필요도 없이 친하게 지내는 지인과의 상시적인 대화에서도 지속적으로 피고인을 지지하고 존경하는 마음을 담은 이야기를 주고받고 있다"[46]라고 적시하며 김지은의 그런 모습이 피해자답지 않다고 판단한다. 한편 2심 재판부는 이에 동의하지 않는다.

현재 2심 재판부의 판결문 전체가 문건 형태로 공개되지 않은 상태에서 그에 대해 단정적인 판단을 내리는 것은 다소 성급하다. 그러나 언론에 공개된 피해자다움에 대한 2심 재판부의 일부 진술은 상당히 우려된다.

보도에 따르면 2심 재판부는 판결문에서 "피해자의 대처 양상은 피해자의 성정이나 구체적 상황에 따라 다르게 나타날 수밖에 없다. 변호인의 주장은 정형화된 피해자의 태도만을 정상적인 태도라 보는 '편협한 관점'에 기반한 것이다"라고 말하며 피고인 측 변호인을 질타했다고 한다.[47]

앞서 제5장에서 이미 밝힌 바와 같이, 분명 특정한 행위 패턴을 피해자다운 행위로 보편화하고 고소인의 행위가 그 행위 패턴에

---

46 서울서부지방법원 2018. 8. 14. 선고 2018고합75 판결.
47 고한솔, 〈공소사실 '모두 무죄'서 '9건 유죄'…'안희정 1심'이 뒤집힌 이유〉, 《한겨레신문》, 2019. 2. 6.

부합하지 않다는 이유로 그것이 피해자답지 않다고 속단하는 것은 옳지 않다. 재판부의 말대로 피해자의 성정이나 구체적 상황에 따라 피해자의 대처 양상은 다를 수 있기 때문이다. 그러나 그것이 고소인 성정이나 구체적 상황에 대한 정보가 충분히 주어진 상황에서 고소인의 행위가 피해자다운 행위인지 판단하는 것이 인식적으로 무의미하다든지 혹은 무익하다는 주장을 정당화하진 못한다. 반대로 앞서 우리는 피해자다움을 행위 설명 개념으로 이해할 때 고소인의 행위가 피해자다운지는 고소인 진술의 신빙성을 평가할 때 결정적인 고려사항이 될 수 있음을 보았다.

이 마지막 논점은 많은 이들이 오해하는 부분이니 과도한 단순화의 위험을 무릅쓰더라도 최대한 쉽게 설명해 보기로 하자. 내가 주사위를 던진다고 가정해 보자. 주사위를 던진 결과로 어느 숫자가 윗면에 올지는 아무도 예측하지 못한다. 주사위를 던지는 나의 손짓, 주위 공기의 밀도나 온도, 주사위나 바닥의 재질 등 수많은 요소에 따라 그 결과가 달라질 수 있기 때문이다. 마치 성범죄에서 피해자의 성정이나 구체적 상황에 따라 피해자의 대처 양상이 다를 수 있는 것처럼 말이다. 그렇지만 주사위를 던진 결과가 1에서 6 사이의 어떤 숫자이어야 한다는 것은 확실히 예측할 수 있다. 만약 누군가 주사위를 던져서 8이나 9의 숫자를 얻었다고 말한다면, 그것은 이해 불가능하고 납득 불가능한 것이 된다. 마찬가지로 피해자의 성정이나 구체적인 상황에 따라서 피해자의 대처 양상이 다양할 수 있지만, 그럼에도 그 피해자가 심각한 정신 장애를 앓고 있지 않는 이상 그 대처 양상은 일반인이 공유하는 이유의 논리적 공간 안에 존재해야 한다. 피해자 성정이나 구체적 상황에 대한 정보가 충분히 주어졌을 때 피해자의 대처 양상이 이해되고 납득될 수 있어야 한다는 말이다. 이는 성범죄 고소인이 성범죄 이후에 그러한 대처 양상을 보였는지 여부에 근거하여 고소인 진술의 신빙성을 평가할 수 있다는 것을 의미한다.

안희정 재판에서 고소인 진술의 신빙성 판단, 나아가 안희정에 대한 유무죄 판단은 여러 정황이나 증언 등에 대한 종합적인 고려 하에 이루어져야 할 것이다. 김지은의 문자메시지가 피해자다운지 아닌지는 그 종합적인 고려의 일부일 뿐이다. 그럼에도 피해자의 심리에 심각한 파국을 미친다는 위력에 의한 간음죄의 성격에 비추어 김지은이 그 문자메시지에서 보여 준 가짜피해자다운 모습은 결코 가볍게 취급될 수 없는 사안이다. 안희정 사건의 본질에 대한 우리의 시각에 영향을 미칠 수 있는 사안이기 때문이다. 2심 재판부가 최종적인 판결을 내리며 그에 대하여 합당한 중요성을 부여했기를 진심으로 소망한다.

피해자다움과 성인지 감수성은 서로 대립하는가

이번 장을 끝내기 전에 '성인지 감수성gender sensitivity'에 대하여 몇 마디 하자. 안희정 사건 2심 판결 이후

보도되었던 몇몇 뉴스의 헤드라인을 적어 보면 다음과 같다.

- 〈'피해자다움' 뒤집은 '성인지 감수성'…"김지은 진술 신뢰"〉, 《YTN》, 2019. 2. 1.
- 〈'피해자다움' 배척하고 '성인지 감수성' 강조한 안희정 2심 재판〉, 《국민일보》, 2019. 2. 1.
- 〈"피해자다움? 편협한 관점"… 달라진 '성인지 감수성'〉,《SBS》, 2019. 2. 1.

이 보도들은 모두 피해자다움과 성인지 감수성을 두 개의 대립항으로 두고 있다. 그러면서 안희정 1심 판결은 성인지 감수성보다 피해자다움에 더 무게를 둔 반면 2심 판결은 피해자다움보다 성인지 감수성에 더 무게를 두었다고 언급하며 안희정 1심과 2심을 평가한다. 그러나 이는 매우 오도된 평가이다.

물론 2심 재판부가 판결문에서 "양성평등을 실현하도록 '성인지 감수성'을 잊지 않도록 노력해야 한다"라고 말했다는 보도가 있긴 하다. 그러나 성인지 감수성은 성범죄 재판에서 고소인의 피해자다움 혹은 가짜피해자다움에 대한 고려를 배척할 합당한 근거가 결코 될 수 없다. 혹시라도 2심 재판부가 성인지 감수성이라는 명목하에 그러한 고려를 배척했다면 그것은 증거에 근거한 재판, 객관적 사실관계에 근거한 재판이라는 사법적 판단의 대원칙을 훼손한 것이 아닐 수 없다.

성인지 감수성에 대한 가장 명확한 정의를 제시하는 콘스탄스 뉴먼Constance Newman은 성인지 감수성을 "젠더 차이, 젠더 이슈, 그리고 젠더 불평등을 지각하고, 그들을 전략과 행위로 구체화할 수 있는 능력the ability to perceive existing gender differences, issues and inequalities and to incorporate these into strategies and actions"으로 정의한다.[52] 48

유사하게 유네스코UNESCO는《성인지 감수성 매뉴얼》에서 성인지 감수성을 젠더와 관련된 문제에서 무엇이 타당하고 무엇이 스테레오타입에 따른 부당한 일반화인지를 가려내는 능력으로 정의한다.[53] 성인지 감수성을 이렇게 정의할 때 그것이 성범죄 재판에서 고소인의 피해자다움 혹은 가짜피해자다움을 묻는 것을 배제하는가? 결코 그렇지 않다.

먼저 젠더 불평등(젠더 차이, 젠더 이슈)이 정확히 무엇인지에 대해서는 여성주의자들 사이에서도 이견과 논란이 작지 않다는 점[54]을 먼저 지적하자. 대다수의 여성이 외출 시에 화장을 하는 반면 대다수의 남성이 외출 시에 화장을 하지 않는 것이 젠더 불평등의 한 사례인가? 나는 잘 모르겠다. 사실 일반적 수준에서 젠더 불평등을 규정하는 것은 상당히 난해한 주제가 아닐 수 없다.

---

48 유사한 정의를 보우덴(Bowden 1997, p. 2)에서도 발견할 수 있다. 국내 문헌 중에서는 강선미(2005, p. 12)와 권희경(2018, p. 94)이 성인지 감수성에 대한 가장 명시적인 정의를 제시한다. 가령 강선미는 성인지 감수성을 "사회적 남녀유별화에 따른 성차별로 인해 야기되는 문제, 즉 젠더 이슈를 인지하는 능력"으로 정의한다.

그러나 사법 행정이라는 구체적인 맥락에서 젠더 불평등은 대략 다음과 같이 규정될 수 있을 듯하다. 사법 행정에서의 젠더 불평등은 **젠더에 대한 명시적 언급을 포함하지 않는 법**을 부당하게 재판 당사자가 남성인지 혹은 여성인지에 따라 차별적으로 적용하는 것이다. 고소인 혹은 피고인의 젠더가 판결에 부당하게 영향을 미치는 경우 젠더 불평등이 발생한다는 것이다. 그런 점에서 사법적 심의의 맥락에서 성인지 감수성이란 고소인이나 피고인이 단지 여성이라는 이유로 혹은 단지 남성이라는 이유로 부당한 대우를 받는지 인지할 수 있는 능력, 그리고 그러한 부당한 대우를 해소하기 위해 노력하는 태도 등을 뜻하는 것으로 이해될 수 있다.

그렇다면 김지은의 피해자다움을 논하는 것은 이렇게 이해된 성인지 감수성과 충돌하는가? 이 질문은 **만약 김지은이 여성이 아니라 남성이라고 가정한다면 김지은의 피해자다움에 대한 판정이 달라질 것인가?** 라는 질문으로 다시 서술될 수 있을 것이다. 혹시라도 김지은이 여성이 아니라 남성이라고 가정할 때 김지은의 피해자다움에 대한 판정이 달라진다면 그 판정이 김지은의 여성성 woman-hood에 의존한다는 것을 보여 주고, 이는 젠더 불평등을 함의하기 때문이다. 성인지 감수성과 충돌한다는 말이다.

앞서 나는 김지은의 문자메시지가 가짜피해자답다고 판정하였다. 그러한 판정이 김지은의 젠더, 즉 김지은이 여성이라는 사실에 의존하는가? 김지은이 여성이 아니라 남성이라고 가정할 때 김지은의 문자메시지가 가짜피해자답다는 판정이 달라지는가? 그렇지 않다.

그 판정에 대한 나의 논증은, 김지은이 위력에 의한 간음죄의 피해자라는 가정하에서, 김지은의 문자메시지가 도저히 이해되거나 납득되지 않는다는 판단에 근거한다. 그리고 그 판단은 다시 그 문자메시지를 보내는 김지은의 심적 상태를 우리가 시뮬레이션할 수 없다는, 재경험화할 수 없다는, 공감적 일체화를 달성할 수 없다는 사실에서 비롯하였다.

내가 시뮬레이션 개념을 설명하며 인용한 김재권의 다음 문장을 기억하자. "내가 투사를 통해 뜻하는 바는 단순하다. 타인들의 행위를 이해함에 있어서 우리는 그들도 …… 일인칭적인 관점에서 숙고하고 결단하며 계획을 짜고 그리고 그 계획을 하나하나 실행하는 행위자로 간주한다는 것이다." 이는 김지은이 위력에 의한 간음죄의 피해자라는 가정하에서 안희정에게 존경과 신뢰를 표하는 문자메시지를 보내는 김지은을 우리가 시뮬레이션할 수 없고, 따라서 김지은의 문자메시지가 가짜피해자답다고 논증할 때 내가 김지은에 대하여 무엇을 전제하는지를 잘 보여 준다.

내가 김지은에 대하여 전제하는 것은 김지은이 '일인칭적인 관점에서 숙고하고 결단하며 계획을 짜고 그리고 그 계획을 하나하나 실행하는 행위자'라는 것이다. 그러나 이 전제는 김지은의 젠더와는 완전히 무관한 것이다.

김지은이 남성이라고 가정해도 여전히 이 전제는 김지은에게 성립하고, 여전히 김지은에 대한 시뮬레이션 가능성을 통하여 김지은의 행위에 대한 설명적 이해를 달성할 수 있는지를 결정할 수 있다. 김지은이 남성이라고 가정해도 여전히 그 문자메시지가 가짜피해자답다는 결론이 따라 나온다는 말이다. 이는 김지은의 문자메시지가 가짜피해자답다는 나의 논증이 어떠한 젠더 불평등한 요소도 포함하지 않는다는 것을 의미한다.

혹시라도 재판부가 단지 김지은이 여성이라는 이유만으로 김지은의 문자메시지가 가짜피해자답다는 사실을 무시한다면 그것이야말로 젠더 불평등의 표준적인 사례라고 할 수 있다. 단지 김지은이 여성이라는 이유만으로 성범죄의 발생 여부에 대한 유력한 증거를 무시하는 것이기 때문이다. 성인지 감수성에 반한다는 것이다.

결론적으로 고소인의 피해자다움을 논하는 것은 결코 성인지 감수성을 훼손하지 않는다. 피해자다움과 성인지 감수성이 서로 상충하지 않는다는 말이다. 피해자다움과 성인지 감수성을 두 개의 대립항으로 두고 마치 피해자다움에 대한 고려가 성인지 감수성을 훼손하는 것인 양 보도한 일부 언론 기사가 진실을 심각하게 왜곡했다는 것을 보여 준다.

제7장
피해자다움의 부끄러운 과거사

지금까지 나는 성범죄 재판에서 피해자다움이 무엇인지, 그것이 왜 고소인 진술의 신빙성을 판단할 때 정당한 근거로 활용되어야 하는지, 그에 대한 일부 여성주의 활동가의 비판이 왜 근거 없는지, 안희정 성폭행 사건에 대한 재판에 그것이 어떤 함의를 갖는지에 대하여 살펴보았다.

　피해자다움 개념이나 그 동종 개념은 모두 인간의 행위 설명을 통해서 분석되어야 한다는 것이 나의 첫 번째 관찰이었다. 그리고 인간의 행위 설명은 기존 철학계에서 통용되던 두 가지 모델, 즉 법칙인과적 모델과 심적 시뮬레이션 모델의 종합을 통해서 이해할 수 있다는 것을 지적하였다. 이렇게 피해자다움 개념이나 그 동종 개념을 이해할 때, 그로부터 고소인이나 피고인의 진술의 신빙성에 대한 판단을 이끌어 내는 추론은 IBE 모델로 포착될 수 있다. 그리고 IBE 모델로 그 추론이 포착될 수 있는 만큼, 그것의 타당성을 의심하는 일부의 시선은 부적절하다.

피해자다움 개념의 역사가 그리 자랑스럽지 못하다는 사실은 부인하기 어렵다. 권력을 가진 성범죄 가해자들은 피해자들의 목소리를 억누르며 사법적 단죄를 피해 갈 목적으로 피해자다움 개념을 악용하기 일쑤였다. 그런 권력형 성범죄 사건에서 고소인이 조금만이라도 이상적 피해자상에 부합하지 않는 모습을 보여도 곧장 고소인 진술의 신빙성이 기각되곤 하였다. 이러한 악용의 역사 때문인지 피해자다움 개념에 대한 세간의 평판은 결코 호의적이지 않다. 그러나 그러한 악용의 역사, 더럽혀진 평판에도 불구하고 성범죄 재판에서 피해자다움 개념을 완전히 폐기할 수는 없다. 재판에서 고소인 진술의 신빙성 평가는 실체적 진실에 입각한 공정 재판을 위한 필수적인 절차이고, 지금까지의 논의를 통해서 분명히 드러났듯이 그 절차에서 범죄가 발생한 것으로 추정되는 시점 이후 고소인(피고인)의 행적이 피해자(가해자)다웠는지는 중요한 고려사항이 아닐 수 없기 때문이다. 특히 고소인의 진술에만 의존해서 최종적인 판결을 내려야 하는 경우가 많은 성범죄 재판에서 그것은 결정적인 고려사항이라고 해도 지나치지 않다.

뜬금없이 들릴 수도 있겠지만 우리가 피해자다움 개념과 관련하여 처한 상황은 우리가 국가정보원(구 국가안전기획부)과 관련하여 처한 상황과 상당히 유사하다. 과거 독재정권 시절 국가안전기획부는 정권에 반대하던 수많은 민주화 인사를 탄압하던 폭압적인 국가기관의 대명사였다. 국가정보원으로 개명한 이후에도 그 평판이 좀처럼 나아지지 않았다. 이명박·박근혜 정부하에서 국가정보원은 국내 여론을 불법적으로 조작하고 야당인사를 사찰했으며, 가짜 간첩사건을 꾸며 내고 국정원 예산을 대통령에게 뇌물로 상납했다. 부끄러운 역사가 아닐 수 없다. 그렇다면 국정원을 대한민국 정부조직에서 완전히 없애 버릴 것인가? 그럴 순 없는 노릇이다. 대한민국 정부 내에서 국가정보원이 국익을 위해서 마땅히 수행해야 할 긍정적 역할이 분명히 존재하기 때문이다. 악용의 역사, 땅에 떨어진 평판에도 불구하고 국가정보원을 폐쇄할 수는 없단 말이다.

피해자다움 개념도 마찬가지이다. 성범죄 재판에서 그 개념이 악용되어 왔다는 것을 부인할 수 없고, 또 앞으로도 악용될 가능성을 배제할 수 없다는 것 역시 부인할 수 없다. 그럼에도 성범죄 재판에서 그 개념을 완전히 폐기하는 것은 결코 현명한 조치가 아니다. 사법적 심의 과정에서 그 개념이 필수적으로 요구되는 맥락이 분명히 존재하기 때문이다. 그래서 피해자다움 개념을 폐기하고 성범죄 재판을 진행하라고 요구하는 것은 국가정보원을 폐쇄하고 정부를 운영하라고 요구하는 것만큼이나 어불성설이다. 국가정보원을 폐쇄하기보다는 국가정보원이 그에 걸맞은 긍정적인 역할을 수행할 수 있도록 제도를 보완하고 그것이 정권의 보위를 위해 악용되지 않도록 시민사회가 감시하는 방향으로 나아가야 하는 것과 마찬가지로, 피해자다움 개념 역시 그것이 성범죄 재판에서 합당하게 부여된 긍정적인 역할을 수행할 수 있도록 그 개념에 대한 법조인의 이해를 높이고 그 개념이 악용되지 않도록 시민사회가 감시하는 방향으로 나아가는 것이 마땅하다고 하겠다.

제 2 부

....

자기파괴적 의사와 위력에 의한 간음

전 세계를 강타한 미투 운동이 우리 사회에 던진 중요한 화두는 위력에 의한 간음이 우리가 기존에 생각했던 것보다 훨씬 더 위중한 범죄라는 것과 그러한 위중함에도 불구하고 현행 형법 체계가 그에 대한 사법적 정의를 확립하는 데 실패하고 있다는 것이었다.

위력을 사용하여 피해자에게 성관계를 강제함으로써 피해자의 영혼을 파괴하는 범죄를 저질렀음에도 불구하고 피해자가 자발적으로 성관계에 응했다는 이유로, 피해자가 저항하지 않았다는 이유로, 피해자가 성관계를 동의하거나 승낙했다는 이유로 많은 가해자가 법망을 피해 나갈 수 있었다. 법이론적 관점에서 중요한 문제는 어떻게 위력에 의한 간음죄를 적절히 개정하여, 혹은 기존의 법조항에 대한 새로운 해석을 제시하여 이러한 법적 사각지대를 해소할 것인가이다.

이어지는 제2부에서 나는 해리 G. 프랭크퍼트의 철학적 인간학을 통하여 자기파괴적 의사self-destructive wills 개념을 정의하고, 그 정의에 기반하여 위력에 의한 간음죄를 새롭게 해석하고자 시도할 것이다. 나의 핵심 제안은 가해자와 피해자 사이에 보호 감독 관계가 있고 가해자와 성관계를 갖고자 하는 피해자의 의사가 가해자의 위력에 의해 형성된 자기파괴적 의사라고 하면 위력에 의한 간음죄의 구성요건이 충족되는 것으로 해석해야 한다는 것이다.

다음에서 나는 이러한 해석이 위력에 의한 간음과 관련한 법적 사각지대에서 사법적 정의를 확립한다는 과제를 성공적으로 성취할 수 있다는 것을 논증할 것이다. 제1부 제6장에서 나는 안희정 성폭행 사건에 대한 재판에서 김지은의 문자메시지가 위력에 의한 간음죄에 대하여 가짜피해자답다는 결론을 도출하였다. 그 결론을 도출하는 과정에서 나는 위력에 의한 간음을 피해자의 자기파괴적 의사를 통해 해석하는 접근을 전제하였다. 따라서 그 해석이 성공적으로 논증될 수 있다는 사실은 안희정 성폭행 사건에 대한 나의 결론에 대한 견실한 이론적 토대를 제공할 것이다.

제8장
업무상 위력에 의한 간음죄에 대한 몇 가지 개정안과 그 문제점

업무상 위력에 의한 간음죄

제1부에서 살펴본 바와 같이 현행 형법에서 업무상 위력에 의한 간음죄를 처벌할 수 있는 법률조문은 형법 제303조 제1항의 업무상 위력 등에 의한 간음죄 조문이다. 해당 조문에서는 "업무, 고용 기타 관계로 인하여 자기의 보호 또는 감독을 받는 사람에 대하여 위계 또는 위력으로써 간음한 자는 7년 이하의 징역 또는 3,000만 원 이하의 벌금에 처한다"라고 적시하고 있다. 이것이 보호하고자 하는 법익은 피보호자나 피감독자의 성적 자기결정권이다.[49] 헌법재판소에 따르면 성적 자기결정권은 성행위 여부에 대한 결정의 자유, 성행위의 상대방에 대한 결정의

자유 등으로 이루어진다.[50]

형법 제303조 제1항을 좀 더 자세히 설명하자면, 그 조항이 적용되기 위해서는 먼저 가해자가 업무, 고용 기타 관계에 따라서 피해자를 보호 또는 감독하는 위치에 있어야 한다.

한층 논란의 소지가 많은 것은 위력의 작용에 관한 부분이다. 그렇다면 위력이란 무엇인가? 이에 대한 엄밀한 철학적 분석은 이 책의 범위를 넘어서므로 여기서는 대법원의 다음 정의로 갈음한다. "'위력'이란 피해자의 자유의사를 제압하기에 충분한 세력을 말하고 유형적이든 무형적이든 묻지 않으므로, 폭행, 협박뿐 아니라 행위자의 사회적, 경제적, 정치적인 지위나 권세를 이용하는 것도 가능하며, '위력'으로써 간음하였는지 여부는 행사한 유형력의 내용과 정도 내지 이용한 행위자의 지위나 권세의 종류, 피해자의 연령, 행위자와 피해자의 이전부터의 관계, 그 행위에 이르게 된 경위, 구체적인 행위 태양, 범행 당시의 정황 등 제반 사정을 종합적으로 고려하여 판단하여야 한다."[51]

이와 같은 위력 개념에 대한 이해는 그것이 등장하는 다른 법조항에 대한 해석에서도 거의 동일하게 채택되고 있다.[52] 위력에 의

---

49 형법 제303조 제1항의 주된 내용은 위계 혹은 위력에 의한 간음인 반면에 본 논문의 주요 주제는 위력에 의한 간음이다. 위력에 의한 간음에 대한 집중적인 탐구라는 제2부의 취지에 비추어 가해자가 피해자를 기망함으로써 성관계로 유도하는 위계에 의한 간음은 이하의 논의에서 배제한다.

50 헌법재판소 1990. 9. 10. 선고 89헌마82 결정.

51 대법원 2007. 8. 23. 선고 2007도4818 판결.

52 구길모(2014, p. 158)와 〈대법원 2001. 12. 24. 선고 2001도5074 판결〉

한 업무방해죄(제314조 제1항), 위력에 의한 경매입찰 방해죄(제315조), 위력에 의한 촉탁 승낙 살인죄(제253조) 등이 그 예인데 그 법조항들에서 위력 개념도 형법 제303조 제1항에서의 위력 개념과 대동소이하게 해석된다.[53]

마지막으로 형법 제303조 제1항은 "위력으로써 간음한 자"를 처벌하도록 규정하고 있다. 이는 위력과 간음 사이에 인과관계가 있어야 위력에 의한 간음죄를 적용할 수 있다는 말이다. 아무리 수직적 권력관계에 있는 두 사람이 성관계를 가졌다고 하더라도 그 권력관계에서 나오는 위력이 그 성관계에 아무런 인과적 작용을 하지 않았다면 위력에 의한 간음죄가 적용되지 않는다. 가령 회사의 사장과 직원이 진실한 사랑으로 성관계를 가질 때 그것은 위력에 의한 간음죄의 처벌 대상이 되지 못한다는 뜻이다.

미투 운동이 우리 사회에 던진 중요한 화두는 위력에 의한 간음이 우리가 기존에 생각했던 것보다 훨씬 더 위중한 범죄라는 것과 그러한 위중함에도 불구하고 형법 제303조 제1항이, 적어도 그에 대한 다수의 학설하에서 위력에 의한 간음에 대한 사법적 정의를 확립하는 데 실패하고 있다는 것이었다. 현행 위력에 의한 간음죄에 의해 가해자가 제대로 처벌되지 않지만, 그럼에도 우리의 법적, 도덕적 상식에 비추어 엄한 처벌이 요구되는 법의 사각지대가 존재한다는 것이다. 이때 문제는 어떻게 위력에 의한 간음죄를 적절

을 참고.
53 대법원 2009.9.10 선고 2009도5732 판결.

히 개정하거나 혹은 그에 대한 새로운 해석을 제시하여 그러한 법의 사각지대를 해소할 것인가이다.

　위력에 의한 간음이 위중한 범죄이므로 그에 합당한 정도로 강력한 처벌이 이루어져야 한다는 당위론에 대해서는 폭넓은 사회적 합의가 있고, 실제로 법무부는 지난 2018년 10월 16일을 기해 「성폭력범죄의 처벌 등에 관한 특례법」 개정안을 공포하며 업무상 위계 또는 위력에 의한 간음죄의 형량을 5년 이하의 징역 또는 1,500만 원 이하의 벌금에서 7년 이하의 징역 또는 3,000만 원 이하의 벌금으로 상향 조정했다.

몇 가지 법률개정안의 문제점

　　　　　　한층 중요한 난제는 위력에 의한 간음죄의 구성요건을 완화거나 혹은 그에 대한 새로운 해석을 제시하여 그 법의 적용 범위를 확대하는 것이다. 그러한 목적으로 최근 국회에서는 여러 형법 일부개정법률안이 발의되었는데, 그중 곽상도 의원이 대표 발의한 안은 처벌 대상을 "업무, 고용 및 기타 관계로 인해 자기의 보호 또는 감독을 받거나 사실상의 영향력 및 실질적 영향력 아래에 있는 사람을 간음한 사람"으로 개정하여 형법 제303조 제1항의 적용 범위를 확대하고자 한다.[54] '사실상의 영향력

54　곽상도 의원 발의, "형법 일부개정법률안", 12963, (2018. 4. 6.) 〔계류 중〕, 3.

및 실질적 영향력 아래에 있는 사람을 간음한' 경우를 새롭게 추가하고 '위력으로써 간음한다'는 조건을 삭제하는 방식으로 법조항을 개정하자는 것이다.

한편 이명수 의원이 대표 발의한 개정법률안은 "현행법상 업무상 또는 고용관계 등에 있는 사람 외에[도] 사회적 지위 등 우월적 지위를 이용하여 영향력을 행사할 수 있는 관계에서 위력 또는 위계에 의해 간음행위"가 발생하는 경우를 처벌 대상으로 삼는다.[55] 기존 법조항에서 변경된 사항은 " …… 외에[도] 사회적 지위 등 우월적 지위를 이용하여 영향력을 행사할 수 있는 관계"라는 표현이 법조문에 추가되었다. 우월적 지위를 통해 위력으로 간음을 하는 경우를 포괄하는 방식으로 법의 적용을 확대하겠다는 것이 그 취지이다.

그러나 이러한 개정안은 과잉범죄화의 우려를 낳을 가능성이 높다. 과잉범죄화의 우려가 특히 심각하게 제기되는 것은 곽상도 발의안이다. 그 개정안에 따르면 위력에 의한 간음죄가 적용되기 위하여 반드시 위력이 간음의 원인일 필요가 없기 때문이다.

가령 회사의 사장과 사원이 진실한 사랑으로 성관계를 갖는 경우에도 곽상도 발의안에 따르면 사장이 위력에 의한 간음죄로 처벌될 수 있다. 현행 법조항은 **"위력으로써** 간음한다"라는 문구를 포함하고 있고, 그에 따라서 오직 가해자가 위력을 이용하여 간음

---

55 이명수 의원 발의, "형법 일부개정법률안", 12507, (2018. 3. 16.) [계류 중], 2.

해야지 위력에 의한 간음죄의 구성요건이 충족된다. 그러나 곽상도 발의안에 따르면 "보호 또는 감독을 받거나 사실상의 영향력 및 실질적 영향력 아래에 있는 사람"과 간음하기만 하면, 자신의 위력이나 지위를 간음에 사용하였는지와는 무관하게, 위력에 의한 간음죄의 구성요건이 충족된다. 이는 곽상도 발의안이 과잉범죄화의 비난을 면하기 어렵다는 것을 보여 준다.

이명수 발의안에서는 이러한 종류의 과잉범죄화가 발생하지 않는다. 이명수 발의안은 **위력 또는 위계에 의해** 간음행위가 발생해야 한다는 조건을 구성요건에 포함함으로써 위력과 간음행위 사이에 인과관계가 있어야 함을 명시하고 있고, 그런 이유에서 회사의 사장과 사원이 진실한 사랑으로 성관계를 갖는 경우를 위력에 의한 간음죄의 적용 범위에서 배제한다. 이처럼 곽상도 발의안에 대하여 제기되었던 과잉범죄화의 우려가 이명수 발의안에서는 상당 부분 완화된다. 그럼에도 이명수 발의안 역시 과잉범죄화의 우려를 완전히 해소하지는 못한다. 사람들이 심리적인 압력하에서 성관계에 관한 결정을 내리는 상황을 모두 범죄화하는 것으로 해석될 여지가 있기 때문이다.

이를테면 여성 자신은 성욕을 전혀 느끼지 않지만 성관계를 갖지 않으면 남자 친구가 자신을 떠나 버릴 수도 있다고 우려하여 성관계를 가질 수도 있고, 혹은 내일이면 입대하는 남자 친구에게 즐거움을 주어야 한다는 생각에 성관계를 가질 수도 있으며, 혹은 성관계를 맺지 않으면 진실한 사랑이 아니라는 남자 친구의 말에 따라 성관계를 가질 수도 있다.[56] 여성은 성적으로 전혀 흥분하지 않았지만 그럼에도 일종의 심리적인 압박을 느끼며 성관계를 갖는 경우이다.

위력을 개인의 자유의사를 제압하기에 충분한 일체의 세력으로 정의할 때, 이는 그 모든 경우에서 여성이 위력에 의해 남자 친구와 성관계를 갖는다는 것을 뜻한다. 그러나 그렇다고 남자 친구를 위력에 의한 간음죄로 처벌하는 것은 우리의 법 상식에 전혀 부합하지 않는다.

현행 위력에 의한 간음죄는 이러한 경우를 범죄화하지 않는데 그것은 해당 경우는 두 사람이 '업무, 고용 기타 관계로 인하여 자기의 보호 또는 감독을 받는' 관계에 있지 않기 때문이다. 두 사람의 관계는 연인 관계이고 그래서 서로의 보호 또는 감독을 받는 관계가 아니라는 것이다. 한편 곽상도 개정안이나 이명수 개정안에서는 상황이 다르다. 과잉범죄화의 결과를 낳을 수도 있다는 말이다.

남자 친구가 떠나 버릴 수 있다는 생각에 성적 욕구가 없음에도 불구하고 성관계를 갖는 여성의 경우를 다시 고려해 보자. 이 경우 여성은 남자 친구의 '사실상의 영향력 및 실질적 영향력 아래에 있는 사람'으로 해석될 수 있지 않을까(곽상도 개정안)? 혹은 남자 친구는 여성에 대하여 '우월적 지위를 이용하여 영향력을 행사할 수 있는 위치'에 있다고 해석될 수 있지 않을까(이명수 개정안)? 그렇게 해석될 가능성을 무시하기 힘들다. 따라서 곽상도 개정안이나

---

56 이 사례는 Conly(2004, p. 103)에서 발췌하였다.

이명수 개정안은 차후에 과잉범죄화의 시비로부터 자유롭기 힘들다.

뿐만 아니라 한국형사정책연구원 김정연 연구원이 〈형법상 성범죄 규정의 판단기준 및 개선방안〉에서 적절히 지적하는 바[55]와 같이 앞서 언급한 개정안들이 위력에 의한 간음죄를 확대 적용한다는 그들의 애초 취지에 부합하는지도 의문이다. 왜냐하면 기존 법조항에 "기타 관계"라는 표현이 포함되어 있고 나아가 그것을 충분히 포괄적으로 해석하는 기존의 판례에 비추어 볼 때[57] 굳이 그 부분을 개정할 필요성이 분명하지 않기 때문이다. 이런 고려를 종합할 때 현행 형법 제303조 제1항의 조문에서 "업무, 고용 기타 관계로 인하여 자기의 보호 또는 감독을 받는 사람에 대하여"라는 문구를 수정하는 것은 불필요한 과잉범죄화의 시비만 불러올 가능성이 높다.

위력에 의한 간음죄의 적용 범위를 확대하기 위해 고려되는 또 다른 유력한 방안은 소위 '예스 민스 예스 규칙yes means yes rule'을 도입하는 것이다.[58] 그 규칙에 따르면 성관계는 그 성관계에 참여

---

57 대법원 1976. 2. 10. 선고 74도1519 판결. 많은 형법학자가 이 판례를 적극적으로 수용하여 제303조 제1항의 "기타 관계"를 "사실상의 보호, 감독 관계"로 폭넓게 해석하고 있다. 신동운(2017, p. 688), 이재상·장영민·강동범(2016, p. 178), 정성근·박광민(2015, p. 206) 등을 참고.

58 성범죄 처벌 조건에 관한 논의에서 '예스 민스 예스 규칙'과 함께 자주 거론되는 것이 '노 민스 노 규칙(no means no rule)'이다. 핵심 아이디어는 피해자가 (폭력이나 협박의 유무와 상관없이) 성관계에 대한 부동의 의사를 표한 경우는 모두 강간죄나 추행죄와 같은 범죄로 처벌해야 한다는 것이다. 분명 이러한 노 민스 노 규칙은 강간죄나 추행죄의 적용 범위를 확장한다는 의의가 있지만, 그럼에

한 이들 사이의 적극적 합의affirmative consent가 동반될 때에만 합법적인 것으로 간주된다. 여기서 적극적 합의란 성교에 참여한 이들이 상호 동의하에서 성교에 임할 것이라는 적극적이고 명확하며 의식적인 의사affirmative, unambiguous, and conscious decision를 오해의 소지 없이 언어적인 혹은 비언어적인 방식으로 전달하는 것을 뜻한다.[59]

예스 민스 예스 규칙을 입법화하려는 노력은 나경원 의원이 대표 발의한 형법 일부개정법률안에서 구체화된다. 발의안에 따르면 법조항명이 '업무상 위력 등에 의한 간음'에서 '업무상 관계 등에 의한 간음'으로 변경되면서 다음의 조항이 그것의 제2항으로 새롭게 추가된다. "업무, 고용, 그 밖의 관계로 인하여 자기의 보호 또는 감독을 받거나 경제적, 사회적 지위를 이용하여 사실상 영향력을 행사할 수 있는 사람에 대하여 명시적 동의 없이 간음한 사람은 7년 이하의 징역 또는 3천만 원 이하의 벌금에 처한다."[60]

도 그것을 통해 위력에 의한 간음에서 나타나는 법의 사각지대를 해소하기는 난망하다. 왜냐하면 위력에 의한 간음이 발생하는 상당수의 경우 피해자가 가해자의 성관계 요구에 부동의를 표하지 않을 뿐만 아니라 명시적 동의까지 표하기 때문이다.

59 예스 민스예스 규칙을 최초로 입법한 미국 캘리포니아 주법은 그에 대한 가장 명확한 서술을 제공한다(Senate Bill No. 967, CHAPTER 748, An act to add Section 67386 to the Education Code, relating to student safety. [Approved by Governor September 28, 2014. Filed with Secretary of State September 28, 2014]). 그에 대한 한층 상세한 설명은 Finley(2017)에서 찾을 수 있다. 예스 민스 예스 규칙을 설명하는 국내 문헌으로는 박지원(2015), 유주성(2016)이 있다.

60 나경원 의원 발의, "형법 일부개정법률안", 2015354, (2018. 9. 7.) 〔계류

그러나 이러한 예스 민스 예스 규칙이, 그리고 그것을 법제화한 나경원 발의안이 얼마나 그것의 취지를 달성할 수 있을지 의문이다. 왜냐하면 가해자와 피해자 사이에 사회적 상하관계나 권력관계가 존재하는 경우 피해자가 성관계에 대하여 가해자에게 명시적인 동의를 표함에도 불구하고 피해자의 성적 자기결정권이 가해자에 의해 침해될 가능성을 무시할 수 없기 때문이다. 위력 때문에 피해자가 어쩔 수 없이 성관계에 임하지만 예스 민스 예스 규칙을 위배하지 않는 방식으로 성관계에 임하는 상황을 배제할 수 없다는 뜻이다.

이해를 돕기 위해서 영화 〈포레스트 검프Forrest Gump〉의 한 장면을 떠올려 보자.[61] IQ가 평균 이하인 데다가 허약 체질인 어린 아들 포레스트 검프를, 어머니는 특수학교가 아닌 일반학교에 입학시키길 원한다. 그래서 포레스트 검프의 어머니는 일반학교의 교장을 찾아가는데, 교장은 포레스트 검프의 입학 조건으로 그녀와의 성관계를 넌지시 요구한다. 어머니는 아들을 일반학교에 입학시켜야 한다는 생각에 교장과의 성관계를 받아들인다. 여기까지가 영화에서 명확히 드러나는 사실관계인데, 우리의 논의를 위하여 영화의 사실관계에 몇 가지 가정을 덧붙이자.

첫 번째 가정은 포레스트 검프의 어머니는 성적으로 호감을 느

중), 3.
61 로버트 저메키스(Robert Zemeckis) 감독의 1994년 작 해당 영상은 https://www.youtube.com/watch?v=oOmk_cbHxZk에서 감상할 수 있다.

끼지 않는 누군가와 성관계를 갖는 것에 대하여 극도의 거부감을 갖는다는 것이고, 두 번째 가정은 포레스트 검프를 일반학교에 입학시키고 싶은 어머니의 욕구가, 어머니가 교장과의 성관계를 가진 행위동기적 이유motivational reason 역할을 했다는 것이다.

이 두 가정이 의미하는 바는 명확하다. 아들의 입학 문제가 없었다면 어머니는 결코 교장과의 성관계를 원치 않았을 것인데, 아들의 일반학교 입학을 위하여 어머니가 마지못해 교장과의 성관계를 받아들였다는 것이다. 영화의 관련 장면에서 이 두 가정이 참인지를 명확히 확인할 수는 없지만, 그럼에도 그것들은 영화의 전후 맥락상 자연스럽게 유추해 볼 수 있는 가정이다.[62]

교장이 성관계를 요구하고 포레스트 검프의 어머니가 그러한 성관계를 받아들이는 과정에서 어떤 폭력이나 협박도 존재하지 않았다. 그리고 어머니는 어떠한 물리적 제약도 없는 상태에서 아

---

62 포레스트 검프의 어머니 사례와 유사한 실제 사례는 김문환 전 에티오피아 대사의 사례이다. 법원은 김 전 대사에게 업무상 위력 등에 의한 간음죄 및 업무상 위력 등에 의한 추행죄로 징역 1년을 선고했다. 1심 판결문이 공개되지 않은 상황에서 언론 보도를 통해서 그 사건에 대한 개요를 확인할 수밖에 없는데, 그 보도 내용은 다음과 같다(고한솔, 〈안희정 재판부와 달리…김문환 전 대사 '업무상 위력' 인정〉, 《한겨레신문》, 2018. 9. 12.):

> 김 전 대사는 '합의에 의한 성관계'를 주장했지만, 박 판사는 사건 전후 맥락을 살폈을 때 김 전 대사를 '모셔야' 했던 피해자가 성관계 요구를 거절할 수 없었다고 판단했다. 김 전 대사는 업무 외에 술자리 등을 마련하는 경우가 많았는데, 직원들은 김 전 대사의 '요청'을 쉽게 거절할 수 없었다고 한다. 박 판사는 "피해자가 사건 당일 '숙제하듯 의무적으로' 저녁 식사 요청 등에 응한 것으로 보인다"며 업무관계 외에 이성적 호감이나 친분은 없었다고 봤다. 또 성관계 당시 '온몸이 마비된 것 같았다'는 피해자 진술에 비추어 볼 때 당시 불안과 공포로 인해 '심리적으로 얼어붙은 상태'에 있었다고 판단했다.

무런 저항 없이 자발적으로 교장과의 성관계에 응했다. 실제로 어머니에겐 아들의 학교 입학을 위하여 교장과의 성관계에 응하려는 의사 역시 있었다. 물론 그 의사가 교장의 요구에 의해 유도된 것이긴 하지만 그것이 어머니가 그런 의사를 가졌다는 사실 자체를 부정하진 못한다.[63]

이 경우 포레스트 검프의 어머니가 교장에게 성관계에 대하여 적극적 동의를 표하는 것은 충분히 있을 수 있는 일이다. 그럼에도 불구하고 어머니가 교장과의 성관계에서 성적 자기결정권을 행사하지 못했다는, 따라서 어머니의 성적 자유가 침해되었다는 것이 우리의 도덕적, 법적 상식이다. 위력에 의한 간음이 발생했다는 것이다.

그러나 현행 위력에 의한 간음죄에 대한 다수 학설에 따르면 피해자가 가해자에게 성관계에 대하여 적극적인 동의를 표한 경우에는 간음죄가 성립하지 않는다.[56] 그런 이유로 가해자는 자신들의 혐의를 벗어나기 위해 피해자가 성관계에 대하여 동의를 표했다고 주장하며 다양한 증거를 제시하는 것을 주된 변론 전략으로 채택하기도 한다.

따라서 설령 포레스트 검프의 어머니가 교장을 위력에 의한 간음죄로 고소한다 하더라도, 적어도 현재 한국 법원에서는 교장에

---

63 이런 점에서 포레스트 검프의 어머니와 교장 사이에 발생한 위력에 의한 간음을 피해자의 의사에 반하는 간음, 즉 반의사 간음이라는 근거에서 처벌하는 것은 가능하지 않다. 왜냐하면 어머니에게는 간음에 참여하고자 하는 의사도 분명 있었기 때문이다.

대하여 유죄판결을 이끌어 내는 것은 불가능하다. 이는 현행 형법 제303조 제1항이 위력에 의한 간음이 발생하는 경우에 대하여 사법적 정의를 확보하지 못한다는 것을 의미한다. 적어도 그 법조항에 대한 기존 해석에 따르면 그러하다.[64]

실제로 나는 포레스트 검프의 어머니 사례가 위력에 의한 간음이 발생하는 가장 **전형적**인 상황을 묘사하고 있다고 본다. 자신이 교장의 성관계 요구를 거부할 경우 교장이 포레스트 검프의 일반학교 입학을 이전보다 더 완강히 반대할 가능성을 어머니가 우려했을 거라고 자연스럽게 가정해 볼 수 있다. 일반적으로 가해자가 피해자에 대하여 막강한 권세를 갖는 경우 피해자는 가해자의 성관계 요구를 거부할 경우 혹시라도 자신들이 감수해야 할지도 모를 불이익에 대한 우려로 그러한 요구에 동의를 표하는 것이 다반사이다. 가해자는 자신의 권세 덕분에 굳이 폭력이나 협박을 사용하지 않아도 피해자가 성관계에 대한 요구를 거부할 수 없게 만들수 있다는 말이다. 이는 피해자가 아무런 폭력이나 협박이 없음에도 성관계에 자발적으로 동의하는 포레스트 검프의 어머니 사례

---

64 포레스트 검프의 어머니가 교장의 보호나 감독을 받는 사람인지를 두고 의문이 제기될 수 있다. 그러나 교장의 '감독을 받는 사람'을 교장으로부터 '사회적, 경제적, 정치적 제재를 받을 수 있는 사람'으로 폭넓게 해석하는 것이 가능하며, 그러한 해석하에서 포레스트 검프의 어머니는 교장의 감독을 받는 사람으로 간주될 수 있다. 왜냐하면 교장은 포레스트 검프의 입학에 대하여 제재를 가할 수 있는 위치에 있고, 그것은 포레스트 검프의 대리인 역할을 하는 어머니 자신에게 제재를 가할 수 있는 위치에 있는 것과 동일한 효과가 있기 때문이다. 이런 점에서 '감독'을 적절히 폭넓게 해석할 때 포레스트 검프의 어머니가 교장과의 보호 감독 관계하에 있는 것으로 해석될 수 있다.

가 위력에 의한 간음이 발생하는 가장 전형적인 경우에 해당한다는, 결코 예외적인 경우가 아니라는 나의 논점을 지지한다.[65]

이때 심각한 문제는 이처럼 가해자의 폭력이나 협박도 없고 피해자의 저항도 없는 포레스트 검프의 어머니 사례가 진정 사법적 정의의 사각지대라는 것이다. 왜냐하면 폭행이나 협박이 있는 경우나 피해자의 저항이 있는 경우는 가해자를 강간죄나 준강간죄 등을 통해 단죄하는 데 별 어려움이 없기 때문이다. 이는 포레스트 검프의 어머니 사례가 위력에 의한 간음이 발생하는 가장 전형적인 상황을 묘사한다고 할 때, 현행 위력에 의한 간음죄가 그것에 대한 다수 학설하에서 그것이 진정 사법적 정의를 확립해야 마땅한 상황에 대하여 그 취지를 제대로 달성하지 못하고 있음을 보여 준다.

예스 민스 예스 규칙도 별 도움이 되지 못한다. 포레스트 검프의 어머니가 교장에게 적극적 동의를 표할 때 그 의사 표시가 예스 민스 예스 규칙의 요건을 충족하는 것 역시 충분히 있을 수 있기 때문이다. 거기에 더해 예스 민스 예스 규칙엔 한층 더 심각한 문제가 또 있는데, 그것은 그 규칙이 위력에 의한 간음을 저지른 가해자가 피해자가 적극적 동의를 제시하였다는 근거를 내세우며 법망을 빠져나가려는 변론 전략에 결과적으로 **법적 정당성**을 부여한다는 것이다. 현행 위력에 의한 간음죄를 적절하게 확대 적용한다

---

65 이러한 논점은 미투 관련 입법 과제를 다룬 박복순·한지영(2018)에 의해서도 지적되었다.

는 취지를 살리지 못할 뿐만 아니라 오히려 가해자가 법망을 빠져 나갈 기회만 넓혀 주는 꼴이다. 이뿐만이 아니다. 예스 민스 예스 규칙에 대해서는 다른 방향의 우려, 즉 과잉범죄화의 우려도 발생 한다. "분명 상대방의 동의가 없는 모든 간음에 대한 처벌을 위해 비동의 간음죄를 신설하게 되면 처벌의 효과는 극대화될 수 있다. 그러나 이러한 입법의 형태는 형법의 보충성 원칙[66]이나[sic][67] 과 잉범죄화라는 비판을 면할 수 없다"는 김정연의 지적[57]은 전적으 로 옳다.[68] 명시적 동의 없이 이루어지는 성관계 중에는 묵시적인 동의하에서 이루어지는 성관계도 많다. 그리고 그러한 묵시적 동 의하의 성관계를 모두 범죄로 만드는 것이 과잉범죄화라는 지적 에 이견을 달기 힘들다. 묵시적 동의가 존재하는 성관계를 간음죄 의 구성요건에서 배제하려고 시도할 수도 있지만 그 경우에는 묵 시적 동의에 대한 명확한 개념 규정이 필요하다. 그러나 그러한 개 념 규정이 과연 가능할지 의문이다.

실제로 성범죄의 피고인와 고소인이 묵시적 동의 여부에 대하 여 서로 완전히 상반된 입장을 취하는 것도 얼마든지 가능해 보이

---

66 형법의 보충성의 원칙은 형사제재의 최후 수단성과 비례성의 원칙을 포함하는 개 념이다. 형사제재의 최후 수단성이란 민사제재나 행정제재 등을 우선적으로 동원 하고 이것으로 목적 달성이 불가능할 때 최후수단으로 형사제재를 동원해야 한다 는 것이다. 비례성의 원칙이란 형사제재를 동원할 때에도 필요한 최소한의 범위 에서 동원해야 한다는 원칙으로서, 구체적으로 과잉범죄화의 금지와 과잉형벌화 의 금지를 의미한다(오영근 2018, p. 8).
67 여기서 김정연이 '형법의 보충성 원칙을 위배한다거나'를 오기한 것으로 보인다.
68 유주성(2016, p. 57) 역시 비동의 간음죄에 대하여 김정연과 동일한 우려를 표 한다.

기 때문이다. 그만큼 성관계에 대하여 묵시적 동의가 있었는지는 행위자의 주관적 관점에 따라 달리 판단될 소지가 높고, 그런 이유에서 위력에 의한 간음죄의 구성요건이 충족되는지가 묵시적 동의의 존재 여부에 의존한다면 예스 민스 예스 규칙에 따른 개정안이 구성요건에 대한 명확성의 원칙을 위배한다는 비판을 면하기는 어려울 것이다.

정리하자면 기존의 위력에 의한 간음죄가 그 형량이나 적용 범위에서 법 현실에 부합하지 않았다는 것에 대해서는 이견이 있기 힘들다. 또한 위력에 의한 간음죄의 형량을 높이는 것에는 아무런 논란의 여지가 없었다. 문제는 그것의 적용 범위를 적절히 조정하는 것인데, 본 절의 논의는 최근 국회에서 제안된 몇 가지 개정법률안이 그러한 취지를 제대로 살리지 못한다는 것을 보여 준다.

제9장
인간의 의지적 본성

인격체와 의지적 한계

　　　　　나는 위력에 의한 간음에 관한 최근의 논의가 근본적으로 방향을 잘못 잡고 있다고 믿는다. 우리가 주목해야 할 것은 성관계에 대한 가해자와 피해자 사이의 동의 유무가 아니라 피해자의 의사이기 때문이다.

　이와 같은 나의 제안을 설명하기 위하여 2001년, 자신의 비살생 신념에 따라 양심적 병역거부를 선언하고, 그로 인해 1년 6개월의 징역형을 선고받은 오태양이라는 인물을 떠올려 보자.

　병역거부 선언 당시 오태양은 많은 것을 할 수 있었고 또 많은 것을 할 수 없었다. 그가 할 수 있었던 것 중 가장 원초적인 것은 그의 신체적, 생물학적 능력에 해당한다. 가령 그는 공기를 마시며 숨을 쉴 수 있었고 또 두 발로 걸어 다닐 수 있었다. 오태양은 한층 고등한 능력도 지니고 있었는데 가령 한국어를 사용할 수 있었고 (인지적 능력), 또 선거에서 투표를 할 수도 있었다(법적 능력).

한편 그가 할 수 없는 것도 많았다. 물론 대부분은 신체적, 인지적, 사회·경제적 혹은 법적 능력 등의 결여로 인한 것이다. 그런데 오태양이 어떤 행위를 수행하기에 적절한 신체적, 인지적, 사회·경제적, 법적 능력을 모두 갖추었음에도 불구하고 그 행위를 수행할 수 없는 경우가 존재한다. 바로 군대에 가서 총을 드는 행위, 즉 집총 행위이다. 여기서 누군가 오태양은 집총을 할 수 있었지만 단지 그가 집총을 원치 않았을 뿐이라고 반론할 수 있을 것이다. 마치 오태양이 한국어로 말할 수 있지만 한국어로 말하기를 원치 않는 것이 얼마든지 가능한 것처럼 말이다.

그러나 이하에서 설명할 어떤 중요한 의미에서 오태양은 집총할 수 없었다. 혹은 좀 더 정확히 표현하자면 오태양은 집총할 의지 자체를 형성할 수 없었고, 바로 그런 이유에서 그는 집총할 수 없었다. 비록 집총에 필요한 신체적, 인지적, 사회·경제적, 법적 능력을 모두 갖추었음에도 불구하고 말이다. 그는 비살생에 대한 확고한 신념을 '진심을 다해wholeheartedly' 수용하였고, 그러한 그의 신념이 자신이 차마 의지意志할 수 없는 의지의 한계를 설정했기 때문이다.

인격적 존재가 경험하는 이러한 의지적 한계volitional necessity를 선구적으로 연구한 철학자가 바로 해리 G. 프랭크퍼트Harry G. Frankfurt이다. 그에 따르면 인격적 존재는 자신이 어떤 삶을 살 것인지에 대한 자기이해self-understanding에 따라 자신이 취할 수 있는 행위의 가능성을 능동적으로 차단하는 존재이다.

오태양은 비살생에 대한 자신의 신념에 따라 집총할 수 있는 **자신의 능력을 능동적으로 박탈했고**, 그런 의미에서 오태양은 집총에 있어서 무능력을 경험했다. 집총에 대한 의지를 형성할 수 없었던 오태양의 무능력은 **자발적 무능력**voluntary inability이었다.[69] 오태양이 그러한 무능력을 자신에 대한 반성적 평가self-reflective evaluation 속에서 긍정하고 승인했다는 의미에서 그러하다. 이러한 긍정과 승인의 과정이 있었기에 오태양은 집총을 거부하는 자신의 모습에 대하여 확신할 수 있었고, 그러한 확신이 있었기에 1년 6개월의 징역형과 같은 역경 속에서도 집총 거부를 결코 포기하지 않을 수 있었다.[70]

---

69 자발적 무능력 개념에 대해서는 Velleman(2006, p. 334)을 참고. 벨레만은 이 저술에서 의지적 한계에 관한 프랭크퍼트의 이론을 일목요연하게 설명한다.

70 프랭크퍼트(1988c, p. 182)는 오태양과 같은 경우를 설명하기 위하여 '일고의 가치도 없음(unthinkability)'이라는 용어를 도입한다. 프랭크퍼트에 따르면 오태양에게 집총하는 것은 일고의 가치도 없는 행위에 해당한다:

> 의지적 한계로 인하여 어떤 행위를 할 수 없는 상태는 단순히 어떤 행위에 대하여 극도로 부정적인 태도를 취하는 것과는 다르다. 물론 의지적 한계로 인하여 행위를 할 수 없는 행위자도 그 행위에 대하여 부정적 태도를 취한다. 그런데 그 행위자는 이에 더하여 자신이 취하는 이 부정적 태도를 (자신의 일부로) 승인한다; 그리고 이러한 승인 덕분에 행위자의 행위가 그 부정적 태도에 의해서 아주 효과적으로 제한된다. 자신이 느끼는 부정적 태도를 (자신의 일부로) 승인했다는 사실은 어떤 행위를 일고의 가치도 없는 것으로 판단하기 때문에 그 행

오태양에게 집총을 거부하려는 욕구의 원천은 다름 아니라 비살생에 대한 그의 신념이었다. 오태양은 그러한 신념에 따라 집총 거부의 욕구를 능동적으로 긍정하며 자신의 참된 자아true self의 일부로 수용하였고, 그 과정에 그는 **집총 거부의 욕구와 자기 자신 사이의 일체화**identification를 경험하였다. 오태양이 어떤 이유로 집총 거부를 실행하지 못할 때, 그러한 일체화는 그가 한 인격체로서의 실패를 경험하게 만든다. 오태양에게 집총 실행은 단순히 집총을 거부하려는 자신의 욕구가 좌절되는 것을 넘어서 오태양이라는 한 인격체의 실패를 뜻한다는 말이다. 반면 그가 무수한 역경을 이겨 내고 집총을 끝내 거부할 때 그는 집총 거부라는 자신의 욕구를 실행하는 것을 넘어서 한 인격체로서의 승리를 경험한다.

이러한 나의 논점은 집총을 거부하려는 오태양의 욕구를 허기진 오태양에게 찾아오는 식욕과 대비할 때 한층 명확하게 드러난다. 허기진 오태양이 성공적으로 자신의 식욕을 만족시킨다고 해서 그것이 오태양이라는 한 인격체의 승리를 의미하지 않고, 그가 어떤 이유로 식욕을 만족시키지 못한다고 해서 그것이 오태양이라는 한 인격체의 실패를 의미하지도 않는다. 오태양이 자신의 식욕을 자신의 참된 자아의 일부로 긍정하거나 수용하지도 않았고 그것과 자기 자신을 일체화하지도 않았기 때문이다.

반면 집총을 거부하려는 오태양의 욕구는 자신이 어떤 인간이

위를 실행하지 못하는 이들을 중독이나 다른 종류의 저항할 수 없는 충동 때문에 그 행위를 실행하지 못하는 이들과 구분해 준다.

되어야 할 것인지, 어떤 삶을 살 것인지에 대한 성찰을 통해 그가 능동적으로 만들어 낸 자아상self-conception 속에서 오태양이라는 인격체의 참된 자아로 긍정되고 수용되었다. 오태양에게서 집총의 문제는 단순히 자신의 의식에 떠오른 어떤 한 욕구에 따라 행위를 할지 말지의 문제를 넘어서서 **한 인간이 자신의 삶에서 진정한 승리자가 될지 아니면 패배자가 될지를 결정하는 절체절명의 문제가** 되는 이유이다.

인격체의 의지적 본성

이해를 돕기 위하여 총에 대한 두려움 때문에 집총하지 못하는 오경수를 오태양과 비교해 보자. 오경수는 총에 대하여 막연한 공포심을 가지고 있고 그래서 집총하려는 의지를 형성할 수 없다. 그러나 오경수는 그러한 자신의 모습을 결코 긍정하거나 승인하지 않는다. 집총에 대한 오경수의 공포는 자신이 어떤 인간이 되어야 할지, 어떤 삶을 살아야 할지에 대한 오경수 자신의 자기이해와 무관하게 발생하여 오경수의 행위에 제약을 가하기 때문이다.

오태양와 오경수 둘 모두 집총하려는 의지를 형성할 수 없다는 점에서 일견 오태양의 사례는 오경수의 사례와 유사한 것처럼 보인다. 그러나 둘의 의지적 구조에는 근본적인 차이가 존재하는데,

그것은 오태양의 집총 거부는 자신의 삶에 대한 반성적 평가 속에서 오태양이 주체적으로 설계한 자아상에 따라 실행된, 오태양이란 인격체의 **능동성**이 발현된 모습인 반면에 오경수의 집총 거부는 집총에 대한 통제되지 않은 공포심에 단순히 반응하는 오경수의 **수동성**이 발현된 모습이라는 사실이다.

집총 거부에 대한 오태양 자신의 진심을 다한 긍정과 승인을 내포하는 오태양의 자발적 무능력이 집총 거부에 대한 어떠한 긍정이나 승인도 내포하지 않는 오경수의 비자발적 무능력과 근본적으로 다른 이유이다. 아래에서 자세히 살펴보겠지만 오태양과 오경수 사이의 이러한 차이로 인하여 집총을 거부하는 오태양은 자신의 진심에 따른 행위를 통해서 진정한 의미의 자유를 행사하는 반면에 집총에 대한 공포심 때문에 수동적으로 집총을 거부하는 오경수는 그러한 자유를 행사하지 못한다.

집총 거부와 같이 오태양에게는 그가 차마 실행할 수 없는, 오태양이라는 인간의 본성상 그것을 실행할 의지를 도저히 형성할 수 없는 종류의 행위가 있다. 분명 신체적, 인지적, 사회·경제적, 법적인 측면에서 모든 능력을 갖추었음에도 불구하고 오태양이 차마 실행할 의지를 형성하지 못하는 행위는 오태양의 의지적 한계를 규정한다. 그가 의지할 수 있는 것들과 그가 의지할 수 없는 것들 사이에 경계선이 형성되고, 그 경계선에 의하여 오태양이라는 인간의 **의지적 본성**이 정의된다. 차마 총을 잡을 수 없는 모습, 그 모습이 오태양이라는 인간이 누구인지를 정의한다는 말이다."

인격체의 의지적 본성에 대한 이와 같은 통찰을 프랭크퍼트는 다음과 같이 서술한다.[58]

의지적 한계volitional necessities에 의해 한 인격체의 행위가 제한되는 한, 그 인격체가 기어이 의지will할 수밖에 없는 것 혹은 차마 의지할 수 없는 것들이 존재한다. 이러한 의지적 한계는 그의 삶의 방향과 특성에 커다란 영향을 미친다. 그러나 의지적 한계가 단순히 인격체의 행위에만 영향을 미치는 것은 아니다. 한 인격체가 의지를 형성할 수 있는 가능성도 의지적 한계에 의해 제한된다. 즉, 의지적 한계에 의해서 한 인격체가 기어이 형성할 수밖에 없는 의지와 그가 차마 형성할 수 없는 의지가 결정된다. 이런 이유로 한 인격체의 의지가 갖는 특성은 그가 누구인지를 구성한다고 결론 내릴 수 있다. 한 인격체의 의지적 한계는 그가 어떤 존재가 될 수밖에 없는지를 규정한다. 의지적 한계는 삼각형의 본질을 정의하는 논리적 혹은 개념적 필연성에 비유할 수 있다. 마치 삼각형의 본질이 어떤 대상이 삼각형이 되기 위하여 가져야만 하는 성질에 대응하는 것처럼, 인격체의 본질은 그가 의지해야만 하는 것에 대응한다. 인격체의 의지적 한계는 인격체로서 그의 본성을 정의한다.[59]

---

71 '양심적 병역거부자'라는 표현에서 '양심'은 무엇을 뜻하는가? 오태양에 대한 나의 논의는 그것을 프랭크퍼트의 의지적 한계 개념을 통해서 설명할 수 있다는 것을 암시한다. 코펠만(Koppelman 2009)과 렌타(Lenta, 2016)는 프랭크퍼트의 의지적 한계 개념을 활용하여 양심 개념을 설명하려는 시도를 상세히 검토한다.

어떤 인격체의 의지가 그 인격체의 의지적 한계에서 말미암을 때 그가 자신의 내면에서 그 의지를 긍정하고 승인한다는 점에서, 그렇게 그 의지와 자신을 일치시킨다는 점에서 그 의지는 그 인격체에 내적인 것이라고 말할 수 있다. 이 지점에서 프랭크퍼트의 중요한 통찰은 그 인격체의 자아란 다름 아니라 그러한 **내적인 의지의 총합**이라는 것이다. 바로 그러한 의미에서 인격체의 의지적 한계가 인격체의 본성을 정의한다고 보는 것이 프랭크퍼트의 견해이다.[72] 나는 인격체의 의지적 한계를 통하여 그 인격체의 의지적 본성을, 인격체로서 그의 본성을 정의할 수 있다는 프랭크퍼트의 견해가 인간에 대한 깊이 있는 통찰을 담고 있다고 생각한다. 뿐만 아니라 그것에 기반하여 위력에 의한 간음죄에 대한 한층 설득력 있는 해석을 제시하는 것도 가능하다고 생각한다.

위력에 의한 간음의 피해자 A를 고려해 보자. 성적으로 호감을 느끼지 않는 사람과 성관계를 갖는 것은 A가 차마 그에 대한 의지를 형성할 수 없는 행위이고, 그런 의미에서 그것은 A의 의지적 한계 너머에 있다. 그러한 성관계를 거부하려는 의지는 A가 능동적으로 설계하고 긍정하며 실천하는 자아상의 일부이고, 그런 점에서 그러한 성관계의 거부는 A의 의지적 본성이 발현되는 양상이라

---

72 프랭크퍼트의 의지적 본성 개념은 코스가어드(Korsgaard 1996)가 인격체에게 있어 당위(obligations)의 근원이라고 간주한 실천적 정체성(practical identity) 개념과 상당히 유사하다. 실제로 실천적 정체성에 관한 논문집을 편집한 매켄지와 앳킨스(Mackenzie and Atkins 2008, p. 25)는 반성적 자아에 대한 코스가어드의 이론이 의지의 구조에 대한 프랭크퍼트의 이론에 빚진 바가 크다고 평가한다.

고 간주할 수 있다.

　A가 성적으로 호감을 느끼지 않는 누군가가 A에게 성적으로 다가올 때 그것을 거절하는 것은 A의 의지적 본성이 발현되는 양상이고, 바로 그런 점에서 강간이나 추행과 같은 성적 침탈은 A의 의지적 본성을 짓밟는 것, A의 가장 근원적인 내면을 파괴하는 것이다. 성범죄가 영혼 살인spiritual murder이라는 로빈 웨스트Robin West의 주장[60]이 납득되는 대목이다.

제10장
성적 자기결정권

위력에 의한 간음은
왜 성적 자기결정권을 침해하는가

                지금까지 살펴본 바와 같이 자신이 성적으로 호감을 느끼지 않는 사람과의 성관계를 가질 수 없는 A의 모습은 A가 능동적으로 긍정하고 실천하는 자신의 자아상에서 필연적으로 귀결되는 의지의 한계이다. 그러한 성관계를 거부하고픈 A의 의지는 A의 의지적 본성에서 말미암은 것이란 말이다.

    따라서 누군가 그러한 성관계를 위압[73]하는 것은 A에게 자신의

---

73 여기서 '위압'이라는 단어가 도입되는데, 나는 그 단어를 가장 포괄적인 의미에서의 심리적 압박(psychological pressure)을 통칭하기 위해 사용할 것이다.

의지적 한계를 넘어설 것을, 자신의 의지적 본성을 포기할 것을, A가 자신의 삶에서의 패배자가 될 것을 위압하는 것이다. 그런 의미에서 그것은 A에게 자기부정을 강요하는 것과 다름이 없다.

만약 누군가의 위압에 의하여 A가 어쩔 수 없이 성적으로 호감을 느끼지 않는 이와의 성관계를 의지해야 한다면 그것은 A의 자기부정이자 자기배신이고, 바로 그런 의미에서 그 의지는 A라는 한 인격체의 자아를 파괴하는 '자기파괴적 의지'이다.[74]

A는 자신의 의지적 본성에 반하는 행위를 의지하는 만큼 자신에 대한 자아존중감을 상실하게 되는 심각한 심리적 파국을 경험할 수밖에 없다. 이처럼 A의 의지가 자기파괴적 의지인 한에서 그에 대한 임의적인 위압은 어떠한 이유로도 용납될 수 없는 범죄이다. A의 의지적 본성은 A가 누구인가를 정의하는 A의 본질이기에, 그것을 타인이 임의적으로 침탈하는 것은 어떤 이유에서도 정당

가해자가 피해자에게 행위 X를 위압하기 위한 필요조건으로 가해자가 피해자에게 폭력이나 협박을 행사하는 것은 포함되지 않는다. 유사하게 피해자가 X를 자발적으로 수행했다는 것이나 X를 수행하는 과정에서 피해자가 저항하지 않았다는 것 역시 위압의 부재를 함축하지 않는다. 가해자가 아무런 폭행이나 협박을 가하지 않아도, 피해자가 아무런 저항 없이 자발적으로 X를 수행하더라도, 가해자가 X에 대하여 피해자를 위압하는 것이 가능하다는 것이다.

74 가해자가 피해자에게 자기파괴적 의지를 유도하는 많은 경우에 가해자는 피해자가 목숨처럼 보살피는 두 가지의 가치나 신념을 대립시킨다. 포레스트 검프의 어머니가 교장과의 성관계에 마지못해 동의한 것은 자신의 자녀를 일반학교에 입학시켜 정상적인 교육을 받게 하려는 자녀에 대한 모성의 발현이었다. 일반적으로 자신이 목숨처럼 보살피는 두 가지 가치나 신념 중 하나를 선택하고 다른 하나를 포기하는 것을 강요받는 경우 인격체는 심리적 파국을 경험하기 일쑤이다. 이러한 심리적 파국은 자기파괴적 의지에 내재된 비극성의 한 단면을 드러낸다.

화될 수 없기 때문이다.

여기서 한 가지 주목해야 하는 점은 인격체는 그 자신의 의지적 본성에 따라 행위를 할 때 진실로 **자유롭다**는 사실이다. 앞서 나는 인격체의 의지적 본성은 그의 의지적 한계, 즉 그가 차마 의지할 수 없는 것들에 의해 규정된다고 말하였다. 일견 이러한 의지적 한계는 그 인격체의 자유를 제약하는 어떤 속박이나 예속처럼 보인다. 그런 만큼 인격체가 자신의 의지적 본성에 따라 행위를 할 때 그에게서 자유가 박탈된다고 말해야 옳은 것처럼 보인다. 오태양이 집총을 거부할 때, 그렇게 그가 자신의 의지적 본성에 따라 행위를 할 때 그에게 자유의지는 없다고 말해야 옳은 것처럼 보인다는 말이다. 그러나 이러한 생각은 자유의지에 대한 오해에서 비롯한 것이다.

이에 대한 나의 견해는 인격체에게서의 자유는 실천 이성이 부과하는 제약과 양립 가능할 뿐만 아니라 오히려 진정한 자유가 가능하기 위해서는 실천 이성의 명령에 대한 능동적 복종이 필수적이라는 칸트적인 관점에서 유래한다. 프랑크퍼트는 다음 인용문에서 이러한 관점을 명확히 서술한다.[61]

⋯⋯ 사람들이 특정 종류의 행위를 수행할 의지를 차마 형성할 수 없는 경우가 있다. 예컨대 참으로 수용해야 마땅한 확실한 근거를 갖는 주장이라 여기지만 그럼에도 그 주장에 차마 찬성할 수 없는 경우가 있다; 혹은 어떤 결정을 내려야 할 의무를 충분히 인지하고 있음에도

도저히 그 결정을 내릴 수 없는 경우도 있다. 그 경우 그 행위들을 불가능하게 만드는 것은 그 사람들의 의지적 본성이다. 그들이 그 행위들을 할 수 없다는 사실은 그들의 의지가 제한되어 있다는 것을 의미한다. 그들에게 특정 의지를 형성하는 것 자체가 불가능하기 때문에 그들의 의지는 일종의 필연성에 의해서 지배받고 있다. 의지적 한계 volitional necessity에 의해 한 사람의 의지가 지배받고 있다는 말이다…… 그러나 이러한 한계는 그의 의지적 본성에서 말미암은 것이기 때문에 그의 자유의지를 훼손하지 않는다. [강조 표시는 저자][62]

설사 인격체의 의지적 한계가 그의 의사volitions에 어떤 제약을 가한다 하더라도, 그 의사가 그 인격체의 의지적 본성에서 말미암는 한 그는 가장 완전한 수준의 자유의지를 행사하는 것으로 봐야 한다는 것이 프랭크퍼트의 견해이다.[75]

---

75 이와 관련하여 프랭크퍼트(1999c, p. 132)는 다음과 같이 말한다: 인격체의 의지가 자신의 의지적 본성에 유래할 때에만 그 인격체는 자율적인 행위를 한다 (A person acts autonomously only when his volitions derive from the essential character of his will). 여기서 '자율(autonomy)' 은 '자유의지(free will)'와 사실상의 동의어로 이해되어야 한다. 사실 프랭크퍼트가 많은 문맥에서 자유의지와 자율을 거의 동의어로 사용한다. 이에 대하여 프랭크퍼트(2004, p. 20)는 다음과 같이 말한다. 자유라는 주제와 관련해서 진정 중요한 것은 우리의 행위가 어떤 외부적인 요인에 의해 결정되는지 여부가 아니다. 중요한 것은 자율성이다. 자율성은 우리의 동기나 선택에서 우리가 수동적이지 않고 능동적인지의 문제이다(What really counts, so far as the issue of freedom goes, is not causal independence. It is autonomy. Autonomy is essentially a matter of whether we are active rather than passive in our motives and choices). 이는 프랭크퍼트에게 의지의 자유는 자율성과 근본적으로 동일한 것임을 보여 준다. 자유에 관한 프랭크

이해를 돕기 위하여 위력에 의한 간음의 피해자 A를 다시 떠올려 보자. 만약 A가 가해자의 성적 접근을 단호히 거부한다면, 그것은 A가 자신의 의지적 본성이 요구하는 바에 따라 행위를 하는 것이고 따라서 그 행위에서 A는 자유의사를 행사한 것으로 간주할 수 있다.

가해자가 위압하는 성관계를 거부하면서 A는 자신의 의지적 본성에 가장 충실한 행위를 하였고, 그에 따라 A는 자유로운 의지하에서 행위를 했다는 뜻이다. 이는 A가 가해자의 위력에 의해 어쩔 수 없이 가해자와의 성관계를 갖고픈 자기파괴적 의사를 갖게 되고 그리고 그 의사에 따라 가해자와의 성관계를 갖게 되는 경우 A는 자유의사에 따라 행위를 하지 못한다는 것을 의미한다. 비록 그 의사가 다른 누구도 아닌 A 본인의 의사임이 분명하지만 그럼에도 그 의사는 A의 의지적 본성에 반하는 것이기 때문이다.[76] 이로부터

퍼트의 견해는 Frankfurt(1988a; 2006)을 참고.

76 강요와 자유 사이의 관계에 대하여 고전적 논문으로 간주되는 〈강요와 도덕적 책임Coercion and moral responsibility〉에서 프랭크퍼트(1988c, p. 42)는 강요의 핵심이 피해자의 자율성(autonomy)을 위배하는 데 있고, 피해자의 자율성을 위배하는 대표적인 경우가 바로 강요로 인하여 피해자가 자신이 원하지 않는 동기에 의해서 행위를 하는 경우라고 주장한다. 그러한 경우에 피해자의 행위를 실제로 유도하는 동기는 그가 그의 행위를 유도하기를 원하지 않는 의지(the desire which drives the person is a desire by which he does not want to be driven), 그가 자신의 것이 아니기를 원하는 의지라는 것이다(his will when he acts is a will he does not want to be his own). 이는 정확히 포레스트 검프 어머니가 처한 상황을 기술하는데, 그 이유는 어머니의 자기파괴적 의지(즉 교장과 성관계를 갖고픈 의지)는 자신의 의지적 본성에 반한다는 점에서 어머니가 자신의 행위를 유도하기를 원하지 않는 의지, 어머니가 자신의 것이 아니기를 원하는 의지일 것이기 때문이다.

위력에 의한 간음의 피해자 A가 가해자와의 성관계를 가지면서 **성적 자기결정권을 행사하지 못했다**는 결론이 따라 나온다.

성범죄 피해자의 의지적 본성은 강간죄와 같은 다양한 성폭력 관련 법조항을 통해서 성적 자기결정권이라는 법익의 형태로 보호받고 있다. 따라서 가해자가 A에게 성관계에 대한 자기파괴적 의사를 위압하고 그에 따라 A가 성적 자기결정권을 행사할 수 없게 만드는 한에서 가해자의 위력에 의한 간음은 **범죄**이다. 이것이 가해자의 위력에 의한 간음이 형법 제303조 제1항으로 처벌되어야 한다는 당위에 대한 나의 논거이다.

위력에 의한 간음죄에 대한 새로운 해석

이상의 논의에 비추어 볼 때 우리는 위력에 의한 간음죄의 범죄성을 그것의 피해자가 갖는 의사가 자기파괴적 의사라는 사실, 즉 피해자가 자신의 의지적 본성에 반하는 의사를 갖게 된다는 사실에서 찾아야 할 것이다.

회사 사장이 사원들에게 회식에 참석하라고 요구하는 것은 비록 비도덕적 갑질이기는 하지만, 그럼에도 범죄는 아니다. 왜냐하면 일반적으로 사원들이 회식에 참석하지 않는 것은 그들의 의지적 한계에 속하는 것이 아니기 때문이다. 회식에 참석하는 것은 회사 사원들이 그들의 의지적 본성 때문에 차마 그것을 실행할 의지를 형성하지 못하는 일이 아니라는 말이다. 그런 만큼 그들에게 회식에 참석하라는 회사 사장의 요구는 그들의 의지적 본성을 침해하는 것이 아니고, 그런 점에서 설사 그들이 사장의 요구에 따라 회식에 참석하고픈 의사를 갖는다고 하더라도 그것은 자기파괴적 의사가 아니다.

이는 왜 회식에 참석하라는 회사 사장의 요구가 회사 사장의 정당한 권능을 벗어난 갑질이지만, 그럼에도 그것이 범죄로 간주되지 않는지에 대한 설명을 제공한다. 비록 사장의 요구는 도덕적으로 지탄받아 마땅한 갑질이긴 하지만, 그것이 사원들의 의지적 본성을 침해하지 않는 한, 사원들에게 자기파괴적 의지를 생성하지 않는 한, 법적 처벌이 요구되는 범죄는 아니라는 것이다.

앞서 나는 오경수는 양심적 병역거부자가 아니고, 그 이유를 그의 입영과 집총 거부는 그가 능동적으로 생성하고 나아가 긍정하는 자아상에서 유래하는 그의 의지적 한계에 속하지 않기 때문이라고 주장하였다. 이처럼 모든 병역거부자가 오태양처럼 의지적 본성에 따라 입영과 집총을 거부하는 것은 아니다. 나는 인간의 의지적 본성에 관한 프랭크퍼트의 견해가 기본적으로 올바른 접근이라고 보고 그 견해에 기반하여 지금까지의 논의를 전개했는데, 프랭크퍼트는 자신의 견해가 인간의 보편적인 순수 의지pure will에 인간의 자유가 근거한다고 보는 칸트의 견해와 상이하다는 논점을 강조한다.[63]

프랭크퍼트에 따르면 개인의 의지적 본성은 그 개인을 다른 개인과 구분해 주는 그의 우연적인 특성들contingent personal features에 의존하고, 그런 점에서 그것은 **보편적이라기보다는 특수적**이다. 이 러한 프랭크퍼트의 견해에서 오태양의 의지적 본성이 그의 우연 적인 특성들에서, 즉 비살생에 대한 그의 개인적 신념에서 말미암 고 그에 따라 그의 의지적 본성이 오경수의 의지적 본성과 상이한 것은 어쩌면 당연하다고 하겠다.

　마찬가지로 모든 이가 성적으로 호감을 느끼지 않는 상대와의 성관계를 거부하는 것을 자신들의 의지적 본성의 일부로 포함하 지는 않는다. 그러한 성관계를 기꺼이 받아들이는 이들을 상상하 는 것이 논리적으로 불가능하지 않다. 그리고 그러한 이들에 대해 서 위력에 의한 간음죄는 자기파괴적 의지가 아닌 다른 방식으로 이해되어야 할 것이다. 그러나 이는 어디까지나 논리적으로 그렇 다는 것이다.

　현재 한국 사회에서 절대 다수의 구성원들, 특히 위력에 의한 간 음에 가장 취약한 여성은 성적으로 호감을 느끼지 않는 이와의 성 관계를 거부하는 것을 자신들의 의지적 본성의 일부로 포함하고 있고, 그러한 경우에 한해서 한국 사회에서 위력에 의한 간음죄는 자기파괴적 의지를 통해 이해되어야 한다. 절대 다수의 여성에게 있어 성적으로 호감을 느끼지 않는 이와의 성관계에 대한 의지가 자신들의 의지적 한계를 벗어나는 한, 위력을 사용하여 그것을 위 압하는 행위는 범죄라는 것이다.

　이상의 논의에 비추어 나는 위력에 의한 간음죄를 '자기파괴적 의사'라는 개념을 통해 해석할 것을 제안한다. 가해자와 피해자 사이에 보호 감독 관계가 있고 가해자와 성관계를 갖고자 하는 피해자의 의사가 가해자의 위력에 의해 형성된 자기파괴적 의사라고 하면 위력에 의한 간음죄의 구성요건이 충족되는 것으로 해석해야 한다는 뜻이다.

피해자가 자발적으로 가해자와의 성관계에 임했는지, 피해자가 가해자와의 성관계에 대해서 저항을 했는지, 피해자가 가해자와의 성관계를 명시적으로 혹은 암묵적으로 동의했는지 등은 모두 핵심에서 벗어난 논점이다. 핵심은 성관계에 대한 피해자의 의지가 자신의 의지적 본성에 반한다는 사실이다. 그처럼 피해자의 의지가 자신의 의지적 본성에 반하는 한 피해자는 성관계에 임할 때 자신의 성적 자기결정권을 박탈당하고, 이는 위력에 의한 간음죄의 보호법익이 침해된다는 것을 뜻한다.

이러한 나의 제안에 대한 한 가지 가능한 반론은 모두가 수긍할 수 있는 명확한 판결이 요구되는 형사 법정에서 사용하기에는 '자기파괴적 의사'나 '의지적 본성'과 같은 개념이 지나치게 추상적이라는 것이다. 위력에 의한 간음죄의 고소인이 어떤 의지적 본성을 갖고 있는지, 고소인이 피고인과의 성관계에 임할 때 그 고소인의 의사가 자기파괴적 의사였는지를 과연 법정에서 명확하게 시시비비를 가릴 수 있겠느냐는 우려이다.

이러한 우려에 대한 나의 답변은 그러한 시시비비를 가리는 것은 물론 어렵겠지만 그럼에도 그 어려움은 사법적 정의를 위하여 우리가 반드시 감당해야 할 몫이라는 것이다. 2018년 11월 1일 대법원이 양심적 병역거부를 무죄 취지로 판결한 만큼 앞으로 병역거부 혐의를 다루는 재판정에서는 피고인의 병역거부가 양심적으로 이루어졌는지가 핵심 쟁점으로 떠오를 전망이다. 그런데 성관계에 임할 때 고소인이 가졌던 의지가 자기파괴적 의사였는지를 성폭력 재판정에서 판단하는 것의 어려움이 병역거부 재판정에서 피고인의 병역거부가 양심적으로 이루어졌는지를 판단하는 것의 어려움보다 더 크다고 볼 수 없다. 두 경우 모두 **한 인격체의 의지적 구조**를 살펴봐야 하기 때문이다.

그런 점에서 나의 제안대로 '의지적 본성'이나 '자기파괴적 의사'와 같은 개념을 통하여 위력에 의한 간음죄의 구성요건을 해석하는 것이 사법 현장에 어떠한 부가적인 부담을 주지 않으면서 수용될 수 있다. 위력에 의한 간음죄에 대한 나의 해석이 사법현장에 어떤 부담을 안긴다면, 그것은 양심적 병역거부를 합법화한 대법원 판결이 사법현장에 안기는 부담과 정확히 동일한 성격을 갖는 것이기 때문이다.

제2부의 서두에서 말했듯이 미투 운동은 어떻게 위력에 의한 간음죄를 적절히 개정하여, 혹은 기존의 법조항에 대한 새로운 해석을 제시하여 법적 사각지대를 해소할 것인가라는 숙제를 우리 사회에 남겼다. 위력을 사용하여 피해자에게 성관계를 위압함으로써 피해자의 영혼을 파괴하는 범죄를 저질렀음에도 불구하고 피해자가 자발적으로 성관계에 응했다는 이유로, 피해자가 저항하

지 않았다는 이유로, 피해자가 성관계를 동의하거나 승낙했다는 이유로, 가해자들은 법망을 피해 나갈 수 있었다. 이때 나는 형법 제303조를 굳이 개정할 필요 없이 그 법조항을 '자기파괴적 의사' 개념을 통하여 해석함으로써 이러한 법적 사각지대를 해소할 수 있다고 제안한다.

진정으로 올바른 '정치적 올바름'을 위하여

지금까지의 내용을 간단히 정리하면 다음과 같다. 이 책의 제1부에서 나는 피해자다움이 무엇인지, 왜 성범죄 재판에서 실체적 진실에 다가서기 위하여 고소인의 피해자다움을 논하는 것이 필수적인지, 그리고 피해자다움에 대한 일부의 비판이 왜 근거 없는 것인지를 상술했다. 특히 제1부 마지막에서는 앞서 정식화한 피해자다움 개념을 안희정 사건에 적용하였고, 그 결과 김지은의 문자메시지가 가짜피해자답다는 결론을 얻을 수 있었다. 이 부분은 위력에 의한 간음죄에 대한 특정한 해석을 전제하는데, 그 해석에 대한 엄밀한 정당화를 시도하는 것이 제2부의 목적이었다.

제2부에서는 먼저 위력에 의한 간음죄의 해석에 대한 다수설이 법적 사각지대를 만들어 낸다는 것을, 현재 국회에서 제출된 몇몇 법률개정안이 그 사각지대를 해소하지도 못하면서 오히려 부작용만 양산한다는 것을 논증하였다. 마지막으로 나는 위력에 의한 간음죄를 자기파괴적 의사로 해석할 때 그러한 법적 사각지대를 성공적으로 해소할 수 있다는 것을 보였다.

사실상 모든 여성단체와 주류미디어가 앞장서서 피해자다움 개념을 폐기하자고 목소리를 높이고 있는 요즘, 피해자다움이 실체적 진실에 근거한 공정한 판결이라는 사법적 대원칙을 위하여 필수적이라는 주장을 담은 이 책은 환영받기 어려울 것이다. 아마도 나에게 '가해자 편든다'고 비난하는 이도 적지 않을 것이다. 그러나 이런 비난은 이 책에 대한 명백한 오독이다. 이 책은 누가 가해자이고 누가 피해자인지를 결정하기 위하여 실체적 진실에 다가가는 방법을 다룬 것이지 어느 누구를 편드는 것이 아니기 때문이다.

실제로 피해자다움에 대한 고려가 성범죄 피해를 호소하는 여성 고소인에게 유리하게, 남성 피고인에게 불리하게 작용하는 경우도 얼마든지 가능하다. 최근 사회적으로 큰 논란을 낳은 곰탕집 성추행 사건을 고려해 보자. 2017년 대전의 한 곰탕집에서 남성이 여성의 엉덩이 부위를 만져 성추행했다는 혐의를 받은 사건인데, CCTV 화면은 시점 t에 남성이 여성 옆을 스쳐 지나간 것만을 보여 줄 뿐 남성이 여성을 성추행했는지 여부에 대한 결정적인 단서는 제공하지 못한다.[77] 이 사건에서 남성의 성추행 혐의에 대한 증거는 사실상 여성 고소인의 진술증거가 전부라고 해도 과언이 아니다. 1심과 2심 재판부는 모두 피고인에게 유죄판결을 내렸는데 온라인을 중심으로 그 판결에 대한 비판 여론이 비등하였다.[78] 두

---

77 관련 CCTV 화면은 유튜브와 같은 인터넷 동영상 플랫폼에서 쉽게 찾을 수 있다. 다음의 사이트도 그중 하나이다. https://www.youtube.com/watch?v=hr6EZKWdnZ4
78 문지영, "곰탕집 성추행 사건 항소심도 유죄… 여전한 갑론을박", 《YTN》, 2019. 4. 26.

재판부가 사법부의 양형 규정에 비추어 피고인에게 지나치게 과한 중형을 선고했다는 비판의 목소리가 특히 높았는데, 그 비판은 일단 논외로 치자. 여기서는 남성 피고인이 여성 고소인을 성추행했다는 고소인 진술의 신빙성 평가에만 집중하기로 하자.

비록 CCTV 화면은 시점 t에 남성 피고인이 여성 고소인을 성추행했는지에 대한 결정적인 단서를 제공하지는 못하지만, 그럼에도 그것은 시점 t 직후 여성 고소인이 곧장 남성 피고인에게 다가가 성추행에 대해서 항의하는 장면을 담고 있다. 우리는 이러한 여성 고소인의 행위를 어떻게 이해하거나 설명할 수 있을까? 그 여성 고소인이 실제로 남성 피고인에게 성추행을 당했다는 가설하에서 그 행위는 쉽게 이해되고 설명된다. 타인에게 부당한 해악을 입었을 때 그에 대하여 항의하는 것은 누구나 공감할 수 있는 일이기 때문이다. 여성 고소인이 성추행 피해자라는 가설하에서 그녀의 행위가 이해되고 납득된다는 말이다. 한편 여성 고소인이 남성 피고인에게 성추행을 당하지 않았다는 가설하에서 시점 t 이후 그녀의 행위를 이해하거나 납득하기 쉽지 않다. 성추행이 실제로 발생하지 않은 상황에서 생면부지의 남성에게 달려가 성추행에 대하여 항의할 하등의 이유가 없기 때문이다. 실제로 여성 고소인은 한 언론사와의 인터뷰에서 이 점을 다음과 같이 지적한다.

내가 한 일은 당한 걸 당했다고 얘기한 것뿐이다. 피해당하지 않았다면 나와 어떠한 이해관계도 없는 처음 본 남자를 자비를 들여 변호사까지 선임해 1년 가까이 재판해가며 성추행범으로 만들 이유도 없고 나의 주관적인 느낌, 추측 같은 걸로 사건을 이렇게 끌고 갈 수 없다.[79]

성추행이 발생하지 않았다는 가설하에서는 왜 여성 고소인이 남성 피의자에게 어떠한 머뭇거림도 없이 즉각적으로 항의했는지 미스터리가 된다는 것이다. 시점 t 이후 여성 고소인의 행위가 성추행이 발생하지 않았다는 가설하에서보다 성추행이 발생했다는 가설하에서 훨씬 더 잘 설명되고 이해된다. 이는 그녀의 행위가 성추행 범죄에 대하여 피해자답다는 것을 뜻한다. 사실 나는 시점 t 이후에 여성 고소인이 보여 준 모습은 성추행 피해자가 드러낼 수 있는 가장 명확한 형태의 피해자다움을 드러내고 있다고 생각한다. 그리고 이러한 피해자다운 모습은 성추행이 발생했는지 여부에 대한 재판부의 판단에서 고소인 진술의 신빙성을 높이는 효과를 가져야 마땅할 것이다. 이는 **피해자다움에 대한 고려가 여성 고소인에게 유리하게, 남성 피고인에 불리하게 작용하는** 경우도 얼마든지 가능하다는 것을 보여 준다. 실체적 진실에 근거한 공정한 판결을 위하여 고소인의 피해자다움을 물어야 한다는 나의 제안이 성범죄 고소인이나 피고인 중 어느 한쪽 편을 드는 것이 아니라는 것을 뜻한다. 피해자다움을 고려하는 것이 결과적으로 가해자 편드는 것이 아니냐는 비난이 어불성설인 이유이다.

79 정민경, "'곰탕집 성추행' 피해자가 인터뷰 나선 이유는", 《미디어오늘》, 2018. 9. 28.

하버드 로스쿨 교수이자 저명한 저술가인 캐스 선스타인Cass Sunstein은 그의 저서《위기와 이성Risk and Reason》과《#공화국: 소셜 미디어 사회에서 분열된 민주주의#Republic: Divided Democracy in the Age of Social Media》등에서 소위 평판도 폭포 현상reputational cascading을 소개한다. 그 현상은 어떤 주장 S를 거부하거나 부정하는 것이 자신의 사회적 평판에 나쁜 영향을 미칠 것을 우려하는 사람들 사이에서 발생한다. 사람들은 자신의 사회적 평판을 보호하려는 마음에 S를 공공연히 비판하지도 못하고 S와 다른 의견을 감히 제시하지도 못한다. 그러는 사이 더 많은 사람이 S를 수용하게 되고, 그것은 S를 거부하거나 부정하는 것을 더 어렵게 만든다. 결국 사회에서 S를 수용하는 흐름의 강도가 폭증하는 것이다. 이처럼 자신의 평판을 보호하려는 사람들 사이에서 S에 대한 믿음이 폭포수처럼 퍼져 나가는 현상이 바로 평판도 폭포 현상이다.[80]

안희정이 무죄라고 판결한 1심 재판부가 받았던 온갖 사회적 비난, 그리고 피해자다움 개념 자체에 피해자에 대한 어떤 비도덕적 가해가 내재해 있는 양 진실을 호도하는 최근의 언론 보도는 이러한 평판도 폭포 현상이 발생하기에 최적의 여건을 만들고 있다. 이것이 피해자다움 개념은 성범죄 재판에서 폐기되어야 한다는 성급한 주장이, 피해자다움 개념은 성인지 감수성을 훼손한다는 궤

---

80 평판도 폭포 현상에 대한 최초 아이디어는 노벨경제학상 수상자인 조지타운대학교 조지 에컬로프(George Akerlof 1976) 교수에 의해 처음 알려졌다. 그 현상에 대한 이론적 분석과 사례 연구에 대해서는 Kuran(1998), Kuran & Sunstein(1999), Ellickson(2001) 등을 참고.

변이, 왜 그렇게 우리 사회에서 비정상적으로 빠르게 확산되었는지를 설명해 준다.

그러나 평판도 폭포 현상은 정보가 **병리적으로** 유통되는 방식의 한 사례이다.[81] 주장 S가 옳은지 그른지에 대한 엄밀한 조사와 연구가 생략된 채, 단지 자신의 명성이나 평판을 보호하기 위하여 사람들이 그에 공연히 반대하지 못하는 사이에 S에 대한 믿음이 확산되는 현상이기 때문이다. 성범죄 재판에서 실체적 진실을 드러내기 위하여 피해자다움 개념이 필수적으로 요청된다는 나의 주장에 대하여 '가해자 편든다'고 말하며 비난하기에 앞서 그 주장의 타당성에 대한 차분한 검토와 연구가 선행되어야 하는 이유이다. 피해자다움이 무엇인지, 피해자다움이 왜 성범죄 재판에서 쟁점이 되는지, 피해자다움이 고소인 진술의 신빙성 평가와 어떤 관련이 있는지, 고소인의 피해자다움을 묻는 것이 성인지 감수성을 진정 훼손하는지 등에 대하여 진지하게 숙고하는 기회를 한번쯤은 가져야 한다는 것이다.

내가 이 책을 쓰기로 결심한 주된 동기는 안희정 사건 1심 판결에 대한 우리 사회의 격렬한 반응이었다. 법원의 판결에 대하여 시시비비를 논하는 것은 얼마든지 가능하고 어쩌면 권장되어야 할 바이지만, 지난 안희정 1심 판결에 대한 주류 언론과 여성단체의

---

81 정보가 병리적으로 유통되는 또 다른 방식으로는 정보 폭포 현상(informational cascading)이 있다. 정보 폭포 현상에 대해서는 앞서 언급된 Sunstein의 책을 참고.

비난은 정상적인 수준을 넘어섰다. 해당 재판에 대하여 미리 자신만의 정답을 정해 놓고 그 정답을 무조건 내놓으라며 윽박지르는 모습이었다. 그리고 그러한 모습의 배후엔 정치적 올바름[82]의 망령이 어른거렸다. 여성, 비정규직, 성소수자와 같은 사회적 약자가 어떠한 경우에도 무조건 피해자라는 선입견이 그것이다. 개별 사건의 디테일은 중요하지 않다. 누가 피해자이고 누가 가해자인지는 이미 정해져 있기 때문이다. 안희정과 김지은이라는 두 인간 사이에 남성 도지사와 여성 수행비서라는 권력 관계가 존재하는 순간, 안희정은 가해자이어야만 하고 김지은은 피해자이어야만 한다. 그것이 그들이 믿고 싶은 '성범죄 내러티브'이기 때문이다. 그렇게 결론은 처음부터 정해져 있고, 우리가 할 일은 그 결론을 가장 보기 좋게 정당화하는 것뿐이다. 그 결론이 틀렸을 수도 있지 않으냐고 누군가 의문을 제기하면 그는 당장 가해자를 편드는 악마쯤으로 낙인찍힌다. '안희정에게 무죄 판결을 내린 사법부가 유죄다'라는 구호는 이런 정치적 올바름의 광풍을 타고 울려 퍼졌다.

정치적 올바름의 신봉자들은 곧잘 자신들이 사회적 약자의 편에 선다는 도덕적 우월감에 도취되어 있다. 그러나 정치적 올바름이 선사하는 우월감은 값싼 우월감에 불과하다. 치열한 지적 탐구나 성찰이 없는 올바름이기 때문이다. 자신의 편견과 선입견을 마

---

82 서구에서 '정치적 올바름(political correctness)'이라는 용어는 다양한 의미로 사용되는데, 여기서는 이런 선입견을 뜻하는 것으로 전제한다. 이것이 현재 한국 사회의 병리적 현상을 가장 잘 포착하기 때문이다.

음껏 탐닉하며 획득한 안락한 올바름이기 때문이다. 그렇게 사회의 약자들과 함께한다는 도덕감 앞에서 개별 사안에 대한 면밀한 숙고와 탐구는 거추장스러운 요식 행위로 전락한다.

사회적 약자를 배려하지 말자는 뜻이 아니다. 나 역시 우리 사회가 사회적 약자를 좀 더 세심하게 보살피는 사회로 나아가기를 진정으로 바라는 일인이다. 그리고 정치적 올바름에 공감을 표하는 많은 이들의 선의지 역시 결코 간과되어서는 안 된다. 한국 사회는 얼마 전까지 힘 있고 권력 있는 자들의 편에 서서 사회적 약자를 약탈하고 억압한 부패정권과 그 하수인들의 지배를 받고 있었다. 그런 상황에서 사회적 약자의 권익 보호를 위해 헌신하는 이들의 노력은 결코 경시되지 말아야 할 것이다. 그러나 그러한 대의에도 불구하고 사회적 약자에 대한 맹목적이고 배타적인 옹호가 또 다른 불의를 양산한다면 그것은 막아야 한다. 그러한 불의가 점증될 때 사회적 약자의 권익 옹호라는 대의 자체가 사람들로부터 외면받을 수 있기 때문이다. 안희정 성폭행 사건에 대한 한국 여성단체와 주류 미디어의 사려 깊지 못한 대응은 한국 여성 운동에 오랫동안 부정적인 영향을 미칠 것이다.

미투 운동과 같은 사회적 약자의 권익 옹호가 우리 사회에서 지속성을 갖는 흐름으로 뿌리내리기 위해서 우리는 좀 더 깊이 사색하고 좀 더 깊이 성찰하는 모습을 보여야 한다. 이 책이 그러한 사색과 성찰을 불러일으키는 마중물이 되기를 간절히 소망한다. 사유하지 않는 자, 성찰하지 않는 자의 신념만큼 위험한 것은 없다.

| 후주 |

[1]   이미경 2018, p. 25

[2]   이종엽 2010

[3]   Voogt, Klettke, and Crossman 2016

[4]   Lievore 2004

[5]   Hempel 1965, p. 470

[6]   Hempel and Oppenheim 1948

[7]   김선희 2017, p. 85

[8]   Dray, 1957, p. 273

[9]   김선희 2017

[10] Dray 1957; Collingwood 1946

[11] Dray 1957, pp. 270-276

[12] 김재권 2006; Kim 2010b

[13] Kim 1984, p. 319

[14] Kim 2010a, pp. 122-123

[15] 원치욱 2017, p. 218

[16] Kim 2010b, p. 144

[17] 원치욱 2017, p. 221

[18] Davidson 1963

[19] Hume 2007, 2.3.3.4

[20] Hume 2007, 2.3.3.6

[21] 원치욱 2017, p. 233

[22] Kim 2010b, p. 146

[23] Kögler and Stueber 2001, pp. 1-61

[24] Dilthey 2002, pp. 168-169

[25] 이에 대한 영어 번역은 다음과 같다. "Each single manifestation of life re-present something common or shared in the realm of objective spirit. Every word or sentence, every gesture or polite formula, every work of art or political deed is intelligible because a commonality connects those expressing themselves in them and those trying to understand them. The individual always experiences, thinks, and acts in sphere of commonality, and only in such a sphere does he understand. Everything that has been understood carries, as it were, the mark of familiarity derived from such common features. We live in this atmosphere; it surrounds us constantly; we are immersed in it. We are at home everywhere in this historical and understood world; we understand the sense of meaning of it all; we ourselves are woven into this common sphere."

[26] 이미경 2013, pp. 51-56

[27] 배상미 2017, p. 27

[28] Fricker 2007, pp. 20-21

[29] Fricker 2007, p. 44

[30] Matoesian 1993, p. 104

[31] 이미경 2013, p. 68

[32] 이미경 2018, p. 26

[33] 박경신 2018

[34] 최미진 2011, p. 30

[35] 권김현영 2017, pp. 47-58; 김수경 2017, pp. 76-84; 장임다혜 2017, p. 74; 전희경 2017, pp. 33-36

[36] 최미진 2017, pp. 49-50

[37] 박경신 2018, 2절

[38] Fricker 1987, p. 61. 영어 원문은 다음과 같다. "A valid argument from ''He asserted that P'' to ''P'' needs as further premises the ancillary information that the speaker was, on the occasion in question, both sincere, and competent about its subject matter."

[39] Faulkner 2000, p. 594; Goldberg 2007, p. 162; Hinchman 2005, p. 587; Lackey 2006, p. 171; Moran 2006, p. 289

[40] Fricker 2007, p. 77

[41] Alcoff 2019

[42] Lycan 1988, p. 129; 2002, p. 413

[43] Amaya 2009; 2015.

[44] Lipton 2004; Psillos 1999

[45] McMullin 1992

[46] 김민정·권인숙·김선영 2017, pp. 123-124

[47] Frankfurt 1982

[48] 최성호 2018, p. 171

[49] Frankfurt 1999c, p. 139

[50] 영어 원문은 다음과 같다. "Rarely, if ever, do tragedies of this sort have sequels. Since the volitional unity of the tragic hero has been irreparably ruptured, there is a sense in which the person he had been no longer exists. Hence, there can be no continuation of his story."

[51] Korsgaard 1996, p. 102

[52] Newman 2003, p. 29

[53] UNESCO 2004, p. 7

[54] McAfee 2018

[55] 김정연 2018, p. 83

[56] 김일수 2001, p. 159; 이재상·장영민·강동범 2016, p. 179

[57] 김정연 2018, p. 80

[58] Frankfurt 1999b, p. 114

[59] 영어 원문은 다음과 같다. To the extent that a person is constrained by volitional necessities, there are certain things that he cannot help willing or that he cannot bring himself to do. These necessities substantially affect the actual course and character of his life. But they affect not only what he does: they limit the possibilities that are open to his will, that is, they determine what he cannot will and what he cannot help willing. Now the character of a person's will constitutes what he most centrally is. Accordingly, the volitional necessities that bind a person identify what he cannot help being. They are in this respect analogues of the logical or conceptual necessities that define the essential nature of a triangle. Just as the essence of a triangle consists in what it must be, so the essential nature of a person consists in what he must will. The boundaries of his will define his shape as a person.

[60] West 1993, p. 1448

[61] Frankfurt 1999a, pp. 80-81

[62] 영어 원문은 다음과 같다.

······ there are surely cases in which people do find it impossible to bring themselves to perform certain volitional acts. For some people, there are propositions to which they cannot bring themselves to assent no matter how weighty they consider the grounds for assenting; or there are choices or decisions which they cannot bring themselves to make no matter how fully they recognize the obligation or the desirability of making them. It is against their nature, as we sometimes say, to perform those particular volitional acts. The fact that they cannot bring themselves to perform those acts means that their wills are limited. They are subject to a kind of volitional necessity, in virtue of which there are conceivable acts of willing that they are unable to perform. This necessity limits the will. But, *since the necessity is grounded in the person's own nature, the freedom of the person's will is not impaired.*[이탤릭체 표시는 저자]

[63] Frankfurt 1999c, p. 132

강선미, 2005. 《양성평등 감수성 훈련 매뉴얼》, 한국양성평등교육진흥원.

구길모, 2014. 〈가출 아동·청소년 대상 '위력'에 의한 성범죄에 대한 고찰〉, 《법학연구》 제25권 제3호, pp. 147-177.

권김현영, 2017. 〈'2차 가해'와 '피해자 중심주의' 개념에 대해〉, 《2017 공동체 내 성폭력을 직면하고 다시 사는 법 — '2차가해'와 '피해자중심주의' 토론회 자료집》, 한국여성민우회 성폭력상담소, pp. 47-58.

_____, 2018. 〈성폭력 2차 가해와 피해자 중심주의의 문제〉, 권김현영 엮음, 《피해와 가해의 페미니즘》, 서울: 교양인, pp. 22-70.

권희경, 2018. 〈성인지 감수성 높은 교육을 위한 교사의 성인지 역량 강화 방안〉, 《한국가정과교육학회 2018년도 춘계학술대회 자료집》, 한국가정과교육학회, pp. 94-112.

김민정·권인숙·김선영, 2017. 〈성폭력 피해의 치명성 낙인이 피해자다움의 수행에 미치는 영향 — 폭력후유증의 매개효과를 중심으로〉, 《피해자학연구》 제25권 제3호, pp. 117-139.

김선희, 2017. 〈행위자의 주관과 객관의 이중성은 어떻게 양립가능한가? — 시뮬레이션 집단사고실험 모델을 중심으로〉, 《철학》, 제133권, pp. 79-102.

김수경, 2017. 〈"'2차 가해'와 '피해자 중심주의' 개념에 대해" 토론문〉, 《2017 공동체 내 성폭력을 직면하고 다시 사는 법 — '2차가해'와 '피해자중심주의' 토론회 자료집》, 한국여성민우회 성폭력상담소, pp. 76-84.

김일수, 2001. 《새로 쓴 형법각론 제4판》, 서울: 박영사.

김재권, 2006. 〈행위에 대한 이해 — 규범성과 행위자의 관점〉, 《철학사상》, 제23호, pp. 3-29.

김정연, 2018. 〈형법상 성범죄 규정의 판단기준 및 개선방안〉, 《이화젠더법학》 제10권 제1호, pp. 67-101.

김태명, 2018. 〈권력형 성범죄의 처벌과 비동의간음·추행죄의 도입〉, 《법학연구》 제57권, pp. 137-163.

박경신, 2018. 〈미투 운동이 극복해야 할 '피해자 중심주의'〉, 《문학동네》 제25권 제2호, pp. 387-403.

박복순·한지영, 2018. 〈"미투"에 따른 법적 대응 — 미투 법안 분석을 중심으로〉, 한국여성연구원, 제20차 젠더와 입법포럼.

박지원, 2015. 〈대학 내 성범죄 방지를 위한 미국캘리포니아주 Yes means Yes 법〉, 《국회도서관》 제52권 제2호, pp. 38-39.

배상미, 2017. 〈성폭력 피해자의 섹슈얼리티 — 제도화된 성폭력 각본을 넘어서〉, 《여/성이론》 제36호, pp. 12-37.

신동운, 2017. 《형법각론》, 파주: 법문사.

양선숙, 2018. 〈미투서사와 진실, 그리고 정의〉, 《법학연구》 제21권 제4호, pp. 299-328.

오영근, 2018. 《형법총론 제4판》, 서울: 박영사.

원치욱, 2017. 〈행위 설명의 논리 — 김재권에 대한 비판과 대안적 시뮬레이션 접근〉, 《철학》 제130호, pp. 207-238.

유주성, 2016. 〈강간죄 성립의 판단기준으로서 피해자의 동의와 저항 — 대법원 2015.8.27. 2014도8722 판결〉, 《비교형사법연구》 제18권 제1호, pp. 33-60.

이기홍, 2016. 〈사회과학에서 법칙과 설명〉, 《경제와사회》 제111호, pp. 269-318.

이미경, 2013. 〈형사사법절차상 성폭력 2차 피해의 심층구조〉, 《여성학연구》 제23권 제2호, pp. 43-75.

_____, 2018. 〈#미투(MeToo) 운동을 통해 본 법과 현실의 괴리〉, 《경제와사회》 제

120호, pp. 12-35.

이영의·박일호, 2005, 〈베이즈주의 인식론〉,《과학철학》 제18권 제2호, pp. 1-14.

이재상·장영민·강동범, 2016.《형법각론 제10판》, 서울: 박영사.

이종엽, 2010. 〈법심리학적 관점에서 본 진술증거의 평가방법〉,《저스티스》 제120
　호, pp. 172-222.

이창현, 2018.《형사소송법》, 고양: 피앤씨미디어.

장임다혜, 2017. 〈"'100인위'가 한 것과 '하지 않은 것" 토론문 ― '피해자 중심주의'
　와 '2차 가해' 개념 속에서 말해지지 않은 것: 절차의 문제〉《2017 공동체 내
　성폭력을 직면하고 다시 사는 법 ― '2차가해'와 '피해자중심주의' 토론회 자료
　집》, 한국여성민우회 성폭력상담소, pp. 70-75.

전해정, 2018. 〈업무상 위력 등에 의한 간음죄에 대한 판례 평석 ― 서울서부지방법원
　2018.8.14. 선고 2018고합75 판결〉,《법학논집》 제23권 제2호, pp. 267-298.

전희경, 2017. 〈'100인위'가 한 것과 하지 않은 것〉,《2017 공동체 내 성폭력을 직면
　하고 다시 사는 법 ― '2차가해'와 '피해자중심주의' 토론회 자료집》, 한국여성
　민우회 성폭력상담소, pp. 18-46.

정대현, 2018. 〈피해자다움을 왜곡한 안희정 1심 무죄 판결의 부당성〉,《여성학논집》
　제35집 제2호, pp. 87-112.

정성근·박광민, 2015.《형법각론 정전판 2판》, 서울: 성균관대학교출판부.

조은경, 2004.《성폭력 피해 아동의 진술 타당도 분석 및 활용 방안에 관한 연구》, 한
　국형사정책연구원.

최미진, 2017.《성폭력 2차가해와 피해자 중심주의 논쟁》, 서울: 책갈피.

최성호, 2018. 〈자기파괴적 의사와 위력에 의한 간음죄 ― 법철학적 접근〉,《법과사
　회》 제59호, pp. 143-176.

허민숙, 2017. 〈"너 같은 피해자를 본 적이 없다" ― 성폭력 피해자 무고죄 기소를
　통해 본 수사과정의 비합리성과 피해자다움의 신화〉,《한국여성학》 제33권 제3
　호, pp. 1-31.

＿＿＿, 2018. 〈성폭력 피해자를 처벌하다 ― 피해자 전형성 위반 범죄로서의 성폭력

무고〉, 《한국여성학》 제34권 제4호, pp. 69-97.

Akerlof, G., 1976. "The Economics of Caste and of the Rat Race: And Other Woeful Tales", *The Quarterly Journal of Economics* 90, pp. 599-617.

Alcoff, L. 2019. "A Survivor Speaks", *Aeon Magazine,* https://aeon.co/essays/consistency-shouldnt-be-the-test-of-truth-in-sexual-assault-cases

Amaya, A., 2009. "Inference to the Best Legal Explanation", in H. Kaptein, H. Prakken, and B. Verheij (eds.), *Legal Evidence and Proof: Statistics, Stories, Logic,* Farnham: Ashgate, pp. 135-159.

_____, 2015. *The Tapestry of Reason: An Inquiry into the Nature of Coherence and its Role in Legal Argument,* Oxford: Hart.

Bird, A., 1998. *Philosophy of Science,* London: UCL Press.

Bowden, P., 1997. *Caring: Gender-Sensitive Ethics,* London and New York: Routledge.

Climenhaga, N., 2017. "Inference to the Best Explanation Made Incoherent", *The Journal of Philosophy* 114(5), pp. 251-273.

Collingwood, G., 1946. *The Idea of History,* Oxford: Clarendon Press.

Conly, S., 2004. "Seduction, Rape, and Coercion", *Ethics* 115(1), pp. 96-121.

Davidson, D., 1963. "Actions, Reasons, and Causes", in his *Essays on Actions and Events,* Oxford: Oxford University Press, pp. 3-19.

_____, 1970, "Mental Events", in his *Essays on Actions and Events,* Oxford: Oxford University Press, pp. 207-224.

_____, 1974, "Psychology As Philosophy", in his *Essays on Actions and Events,* Oxford: Oxford University Press, pp. 229-239.

_____, 1976. "Hempel on Explaining Action", in his *Essays on Actions and Events,* Oxford: Oxford University Press, pp. 261-276.

Dilthey, W., 2002. *The Formation of the Historical World in the Human Sciences,*

Princeton: Princeton University Press.

Douven, I., 2002. "Testing Inference to the Best Explanation", *Synthese* 130, pp. 355–377.

_____, 2013. "Inference to the Best Explanation, Dutch Books, and Inaccuracy Minimisation", *Philosophical Quarterly* 63(252), pp. 428–444.

_____, 2017. "Abduction", in E. Zalta (ed.), *Stanford Encyclopedia of Philosophy Archive* (Summer 2017 Edition), https://plato.stanford.edu/archives/sum2017/entries/abduction/

Dray, W., 1957. "The Rationale of Action", in his *Laws and Explanation in History*, Oxford: Oxford University Press, pp. 718-737. Reprinted in 2015, J. Dancy and C. Sandis (eds.), *Philosophy of Action: An Anthology*, Chichester, UK: John Wiley & Sons, pp. 270-279. (본문에 인용된 면수는 재출간된 판본을 기준으로 작성되었다.)

Ellickson, R. C., 2001. "The Evolution of Social Norms: A Perspective from the Legal Academy", in M. Hechter and K.-D. Opp (eds.), Social Norms, New York: Russell Sage Foundation, pp. 35-75.

Faulkner, P., 2000. "The Social Character of Testimonial Knowledge", *The Journal of Philosophy* 97, pp. 581-601.

Finch, E., and Munro, V., 2005. "Juror Stereotypes and Blame Attribution in Rape Cases Involving Intoxicants: The Findings of a Pilot Study", *The British Journal of Criminology* 45(1), pp. 25-38.

Finley, L., 2017. "Discussing and Dismantling Rape Culture with College Students", in N. Gordon and L. Finley (eds.), *Reflections on Gender from a Communication Point-of-View: GenderSpectives*, Newcastle upon Tyne, UK: Cambridge Scholars, pp. 162-186.

Frankfurt, H., 1982. "The Importance of What We Care About", *Synthese* 53, pp. 257-272.

_____, 1988a. "Freedom of the Will and the Concept of a Person", in his *The importance of What We Care About*, Cambridge: Cambridge University Press, pp. 11-25.

_____, 1988b. "Coercion and Moral Responsibility", in his *The Importance of What We Care About*, Cambridge: Cambridge University Press, pp. 26-46.

_____, 1988c. "Rationality and the Unthinkable", in his *The Importance of What We Care About*, Cambridge: Cambridge University Press, pp. 177-190.

_____, 1999a. "Concerning the Freedom and Limits of the Will", in his *Necessity, Volition and Love*, Cambridge: Cambridge University Press, pp. 71-81.

_____, 1999b. "On the Necessity of Ideals", in his *Necessity, Volition and Love*, Cambridge: Cambridge University Press, pp. 108-116.

_____, 1999c. "Autonomy, Necessity, and Love", in his *Necessity, Volition and Love*, Cambridge: Cambridge University Press, pp. 129-141.

_____, 2004. *The Reasons of Love*, Princeton: Princeton University Press.

_____, 2006. "Taking Ourselves Seriously", in D. Satz (ed.), *Taking Ourselves Seriously & Getting It Right*, Stanford: Stanford University Press, pp. 1-26.

Fricker, E., 1987. "The Epistemology of Testimony", *Proceedings of the Aristotelian Society, Supplementary* 61, pp. 57–83.

Fricker, M., 2007. *Epistemic Injustice: Power and the Ethics of Knowing*, Oxford: Oxford University Press.

Goldberg, S. C., 2007. *Anti-Individualism: Mind and Language, Knowledge and Justification*, Cambridge: Cambridge University Press.

Goldman, A. I., 1989. "Interpretation Psychologized", *Mind and Language* 4(3), pp. 161-185.

Gordon, R., 1986. "Folk Psychology as Simulation", *Mind and Language* 1, pp. 158-171.

Harman, G., 1997. "Pragmatism and Reasons for Belief", in C. Kulp (ed.), *Realism/Antirealism and Epistemology*, Totowa, NJ: Rowman and Littlefield, pp. 123–147.

Harré, R., 1986. *Varieties of Realism*, Oxford: Blackwell.

Heal, J., 1986. "Replication and Functionalism", in J. Butterfield (ed.), *Language, Mind and Logic*, Cambridge: Cambridge University Press, pp. 135-150.

_____, 1998. "Co-Cognition and Off-Line Simulation: Two Ways of Understanding the Simulation Approach", *Mind and Language* 13, pp. 477-498.

Hempel, C., 1965. *Aspects of Scientific Explanation*, New York: Free Press.

_____, and Oppenheim, P., 1948. "Studies in the Logic of Explanation", *Philosophy of Science* 15, pp. 135-175.

Hinchman, E., 2005. "Telling As Inviting to Trust", *Philosophy and Phenomenological Research* 70(3), pp. 562-587.

Hume, D., 2007. *A Treatise of Human Nature*, D. F. Norton and M. J. Norton (eds.), Oxford: Clarendon Press.

Jenkins, K., 2017. "Rape Myths and Domestic Abuse Myths as Hermeneutical Injustices", *Journal of Applied Philosophy* 34(2), pp. 191-205.

Josephson, J. R., 2002. "On the Proof Dynamics of Inference to the Best Explanation", in M. MacCrimmon and P. Tillers (eds.), *The Dynamics of Judicial Proof: Computation, Logic, and Common Sense*, Heidelberg: Physica-Verlag, pp. 287-306.

Kim, J., 1984. "Self-Understanding and Rationalizing Explanation", *Philosophia Naturalis* 21, pp. 309-320.

_____, 2010a. "Reasons and the First Person", in his *Essays in the Metaphysics of Mind*, Oxford: Oxford University, pp. 105-124.

_____, 2010b. "Taking the Agent's Point of View Seriously in Action Explanation", in his *Essays in the Metaphysics of Mind*, Oxford: Oxford University Press, pp. 125-147.

Kitcher, P., 2001. "Real Realism: The Galilean Strategy", *Philosophical Review* 110, pp. 151-197.

Koppelman, A. M., 2009. "Conscience, Volitional Necessity, and Religious Exemptions", *Legal Theory* 15, pp. 215-244.

Korsgaard, C., 1996. *The Sources of Normativity*, Cambridge: Cambridge University Press.

Kögler, H., and Stueber, K. (eds.), 2001. *Empathy and Agency*, Boulder, CO: Westview Press.

Kuran, T., 1998. "Ethnic Norms and Their Transformation through Reputational Cascades", *The Journal of Legal Studies* 27, pp. 623-659.

_____, and Sunstein, C. R., 1999. "Availability Cascades and Risk Regulation", *Stanford Law Review* 51, pp. 683-768.

Kvanvig, J., 1994. "A Critique of van Fraassen's Voluntaristic Epistemology", *Synthese* 98, pp. 325-348.

Lackey, J., 2006. "It Takes Two to Tango: Beyond Reductionism and NonReductionism in the Epistemology of Testimony", in J. Lackey and E. Sosa (eds.), *The Epistemology of Testimony*, Oxford: Oxford University Press, pp. 160-189.

Larcombe, W., 2002. "The 'Ideal' Victim v Successful Rape Complainants: Not What You Might Expect", *Feminist Legal Studies* 10(2), pp.

131-148.

Lenta, P., 2016. "Freedom of Conscience and the Value of Personal Integrity", Ratio Juris 29(2), pp. 246-263.

Lievore, D., 2004. "Victim Credibility in Adult Sexual Assault Cases", *Trends & Issues in Crime and Criminal Justice* 288, pp. 2-6.

Lipton, P., 2004. *Inference to the Best Explanation*, London: Routledge.

Lycan, W., 1988. *Judgment and Justification*, New York: Cambridge University Press.

_____, 2002. "Explanation and Epistemology", in P. Moser (ed.), The Oxford Handbook of Epistemology, Oxford: Oxford University Press, pp. 408-433.

Mackenzie, C., and Atkins, K. (eds.), 2008. Practical Identity and Narrative Agency, New York: Routledge.

Matoesian, G., 1993. *Reproducing Rape: Domination through Talk in the Courtroom*, Cambridge: Polity Press.

McAfee, N., 2018. "Feminist Philosophy", in E. Zalta (ed.), *Stanford Encyclopedia of Philosophy Archive* (Fall 2018 Edition), https://plato.stanford.edu/archives/fall2018/entries/feminist-philosophy/

McMullin, E., 1992. The Inference that Makes Science, Milwaukee, WI: Marquette University Press.

Medina, J., 2011. "The Relevance of Credibility Excess in a Proportional View of Epistemic Injustice: Differential Epistemic Authority and the Social Imaginary", *Social Epistemology* 25(1), pp. 15-35.

_____, 2013. *The Epistemology of Resistance: Gender and Racial Oppression, Epistemic Injustice, and Resistant Imaginations*, New York: Oxford University Press.

Millar, A., 2004. *Understanding People: Normativity and Rationalizing*

Explanation, Oxford: Oxford University Press.

Moran, R., 2006. "Getting Told and Being Believed", in J. Lackey and E. Sosa (eds.), *The Epistemology of Testimony*, Oxford: Oxford University Press, pp. 272 – 306.

Newman, C., 2003. *Gender Sensitivity Assessment: Tool for FP/RH Curricula*, Chapel Hill, NC: Prime II.

Niiniluoto, I., 1999. "Defending Abduction", *Philosophy of Science* 66, pp. 436-451.

Okasha, S., 2000. "Van Fraassen's Critique of Inference to the Best Explanation", *Studies in History and Philosophy of Science* 31, pp. 691 – 710.

Peterson, C., and Seligman, M. E. P., 1983. Learned Helplessness and Victimization, *Journal of Social Issues* 39, pp. 103-116.

Psillos, S., 1999. *Scientific Realism: How Science Tracks Truth*, London: Routledge.

Randall, M., 2010. "Sexual Assault Law, Credibility, and "Ideal Victims": Consent, Resistance, and Victim Blaming", *Canadian Journal of Women and the Law* 22(2), pp. 397 – 434.

Robertson, B., and Vignaux, G., 1993. "Probability: The Logic of the Law", *Oxford Journal of Legal Studies* 13(4), pp. 457-478.

Seligman, M. E. P., 1972. "Learned Helplessness", *Annual Review of Medicine* 23, pp. 407 – 412.

———, 1975. *Helplessness: On Depression, Development, and Death*, New York: W. H. Freeman.

Sellars, W. (ed.), 1963. *Science, Perception and Reality*, London: Routledge & Kegan Paul.

Sheehy, E., 1995. "Legalizing Justice for All Women", in M. Heenan (ed.),

Legalizing Justice for All Women: National Conference on Sexual Assault and the Law, Melbourne, Australia: Project for Legal Action Against Sexual Assault, pp. 8-28.

Stevenson, K., 2000. "Unequivocal Victims: The Historical Roots of the Mystification of the Female Complainant in Rape Cases", *Feminist Legal Studies* 8, pp. 343-366.

Stueber, K., 2006. *Rediscovering Empathy: Agency, Folk Psychology, and the Human Sciences*, Cambridge, CA: MIT Press.

Sunstein, C. R., 2002. *Risk and Reason: Safe, Law, and the Environment*, New York: Cambridge University Press.

_____, 2017. *#Republic: Divided Democracy in the Age of Social Media*, Princeton: Princeton University Press.

Talbott, W., 2008. "Bayesian Epistemology", in E. N. Zalta (ed.), *Stanford Encyclopedia of Philosophy*, https://plato.stanford.edu/entries/epistemology-bayesian/

Thagard, P., 1989. "Explanatory Coherence", *Behavioral and Brain Sciences* 12, pp. 435-502.

_____, 2003. "Why Wasn't O. J. Convicted? Emotional Coherence in Legal Inference", *Cognition and Emotion* 17, pp. 361-383.

_____, 2006. *Hot Thought: Mechanisms and Applications of Emotional Cognition*, Cambridge, MA: MIT Press.

Tillers, P., and Green, E. (eds.), 1988. *Probability and Inference in the Law of Evidence: The Uses and Limits of Bayesianism*, Dordrecht, Netherlands: Kluwer.

Tuerkheimer, D., 2017. "Incredible Women: Sexual Violence and the Credibility Discount", *University of Pennsylvania Law Review* 166, pp. 1-57.

UNESCO, 2004. *Gender Sensitivity: A Training Manual*.

Van Fraassen, B., 1989. *Laws and Symmetry*, Oxford: Oxford University Press.

Velleman, J. D., 2006. "Identification and Identity", in his *Self to Self*, New York: Cambridge University Press, pp. 330-360.

Voogt, A., Klettke, B., and Crossman, A., 2016. "Measurement of Victim Credibility in Child Sexual Assault Cases: A Systematic Review", *Trauma, Violence, & Abuse* 20, pp. 51-66.

Walker, L. E. A., 2017. *The Battered Woman Syndrome*, New York: Springer.

Wanderer, J., 2017. "Varieties of Testimonial Injustice", in I. J. Kidd, J. Medina, and G. Pohlhaus (eds.), *The Routledge Handbook of Epistemic Injustice*, New York: Routledge, pp. 27-40.

West, R., 1993. "Legitimating the Illegitimate: A Comment on "Beyond Rape"", *Columbia Law Review* 93, pp. 1442-1459.